JN281063

神の国はどこにあるか

谷口清超

日本教文社

はしがき

人はよく神様はいないとか、「神の国」なんかナイと主張する。どうしてかと聞くと、「そんなもの、誰も見た人はいないじゃないか」

というような返事が返ってくる。しかし人が見ることのできるものは、とても限られている。そして「見えないもの」でもアルということは、よく気のつく現象である。例えば、愛とか、いのちとか、智慧とか、まごころとか……は、見えないけれども、ある。

その上さらに、〝宇宙の果て〟などは誰も見たことはない。ことにブラック・ホールなどという〝宇宙の穴〟などは、誰も見たことはないだろう。ただ理論上そんな〝穴〟があるということになっていて、その周辺の天体状態を見て、これが〝ブラック・ホール〟だというのだ。何しろすべて穴などというものは、その周囲さえ見えれば、どのくらい深いかなどということは問題でないものである。

さらに〝聞く〟のでも、人間には聞こえぬ音がいくらでもある。超音波などといって、クジラやイルカには聞こえても、人間の耳ではとらえられない電磁波動がある。つまり人間の感覚器官は、全ての存在をとらえるようには出来ていないのである。

そこで本当にアル世界、「実在界」のことを考えて、それをどう表現するかは、国や人によって色いろとあるだろう。生長の家ではこれを「実在」とも「実相」ともいう。もっと宗教的なコトバでは「神の国」とか「仏の世界」と言うのである。

そして「実在」は五官を超越し、第六感さえも超越しているから、それだけでは把握できない「完全無欠」の世界ということなのである。しかもこのような「理想世界」が実在するということは、人間だけが直感的に把握する。他の動物や植物では、いくら知能が発達しているといっても、不可能らしい。

何故なら、サルやゴリラが信仰したとか、宗教的行動をしたという実例がないからである。

　たしかに象などは、仲間が死んだ時は、皆でその死を悲しむ様子を示すこともある。しかし、彼らが死んだ仲間のいのちがまだアルとか、魂がアルと思っている証拠はどこにもない。それと同じように、人間でも「無神論者」や「唯物論者」の中には、人の死に直面して、もう二度と会えないと悲しむことはあっても、死後の魂とかいのちの不滅とか、神や仏のことは否定する人もいる。

　しかし彼らでも「神も仏もいない。神の国はナイ」と言う時に、他の動物と異なっているのは、人間には「神」や「神の国」「仏」についての〝概念〟がある点だ。神仏について考えたりすることができる。そしてそれを否定する。しかし否定する根拠がどこにあるのか。

　その点では、他の動物は、神仏を否定するという証拠もない。否定の根拠が、五官や六感でとらえられないというだけであれば、三次元世界（物質界）や四次元の時空間だけに頼っているのであるから、〝無限次元の世界〟とも言うべき「神の国」がとらえられないのは当り前だ。しかしそこのことは、「神の国」がナイという証拠にならないことは、上記の通りであり、それをもって神の国の実在性を否定することは不可能という外はないのである。

平成十五年一月十五日

谷口清超しるす

神の国はどこにあるか　目次

はしがき

I　善を行うよろこび

「神想観」

Ⅱ　当たり前ほどステキなことはない

I　善を行うよろこび

1 誉め称えること

みんな生きている

近ごろは子供たちに絵本を読んで聞かせたりする母親がふえて来たそうで、大変結構なことだと思う。子供たちは、幼いころ憶えたり教えられたりしたことが、将来とても役に立ち、その生活に大きな影響が出てくるものだ。それ故、こうして「読書」の習慣がつくと、大きくなってからも、奥深い学習ができ、すぐれた人間として、世の中のためになる働きができるものである。

しかし絵本なら何でもよいという訳ではなく、暴力やイジメや戦争の出てくるマンガではなく、安らかで美しい童話など、良い本はいくらでもあるだろう。そしてまた父母と子とが肩を寄せ合って暮らす時間が、たとえ十分でも二十分でもあることが、親子の仲をさらに親しくし、心と心が通じ合う家庭となるものである。

そのような童話の中には、虫や花や動物たちが、まるで人間のように話し合ったりする作品がある。そんな現実ばなれをした物語でも、それを読むと「動植物や全ての物が生きている」といういのちの一体感が養われて、「いのちの世界」が、自然に味わえてくるものだ。

例えば宮沢賢治という作家の本などには、いろいろな動物や人が話し合っている童話が沢山ある。すると全てのものが生きていて、心が通い合うということが、子どもにも伝わってきて、「全ての物を大切にしよう」という気持も湧いてくる。さらに善いことをしたら、善い報いをうけ、悪いことをしたら、悪い結果になるという、「業《ごう》の法則」「心の法則」なども、何となく分かってきて、楽しい家庭が出来上がって行くだろう。

物を大切にするのも、全ての生きものを大切にするのも、同じような「よいこと」なのだ。平成十四年四月十二日の『毎日新聞』には、秋田県大曲市に住む高校生高橋まゆみさん（17）の、次のような投書がのっていた。

『私はガソリンスタンドでアルバイトをしています。新入社員歓迎のポスターを描くように所長から頼まれ、黙々とポスターを描いている時に、バイト仲間から「ずいぶん大事にしているペンケースだね」と言われました。私は中学校のころを思い出しました。

１００円ショップで買ったブリキのペンケース。受験は、このペンケースで戦いました。今ではサビもあちこちに見られ、いい味が出ています。気に入ったシールを張り、世界に一つしかないオリジナルペンケースとともに生活して3年。

どんなに落としても、ぶつけても壊れない１００円のペンケース。いくら安く買っても、捨てないで使っていると宝物になるのですね。サビていてもブリキの輝きは、私の学生生活を、ともに頑張る仲間です。

就職して、ペンケースを使わなくなっても、一生残る小物入れとして私を応援してくれると思います。』

背中で教える

このまゆみさんは、ペンケース（筆箱）を〝仲間〟であり、〝私を応援してくれる〟と、まるで生きもののように思っているが、こんな心になると、童話の世界が開けてきて、自然にものを大切にする善業が積まれ、地球環境の保全が行われるのである。この心はもちろん人に対しても向けられるから、心優しい人びとが気持のよい社会を作って行くことになる。さらにまた平成十四年四月十一日の『毎日新聞』には山形県鶴岡市に住む菅原満子さん（73）の、こんな投書ものせられていた。

『埼玉県越生町と東京都青梅市に梅を見に出掛けた。JR八高線の駅で列車を待っていると、女生徒が、椅子に腰掛けているお年寄りの女性に「ここから二つ目の駅で降りて、電車に乗り換えれば着く」と2、3回説明していた。しかし、よく理解できない様子に、女生徒は手帳から紙を1枚破り、書いて渡した。

列車が到着、お年寄りはつえを立てて立ち上がろうとするが腰が上がらない。女生徒が手を取って立ち上がらせ一緒に乗り込んだ。私も乗った。

女生徒は時刻表のメモを持っていて、「接続時間は2分しかない。階段を急いで上り下りするのは危ないので、次の電車に乗るように」「私は途中で降りるから、世話ができないので」と細かい心遣いをしていた。

女生徒は「今朝、公立高校の合格が分かりホッとした」「福祉の専門学校へ行きたい。母が介護の仕事をしているので」と話していた。

子供は親の背を見て育つと言われるが、この女生徒の温かい対応に感動し、すがすがしい気分になった。』

まさに子供たちはみな「親の背を見て育つ」のである。背中ばかりではなく、顔も見るし言葉も聞く。しかし「背を見る」とは、父母が世間に対してどんな仕事をし、どんな生活態度を取っているかを見て学ぶということだ。父と母とが言い争ったり、ののしり合ったりしている時、子供たちはどんなに心配して、ドキドキハラハラしているか、背中では見えないかも知れない。そんな父母が口先だけで、いくら「仲よくせよ」とか「勉強しなさいよ」と言い付けても、「夫婦は争い合え、それが男女同権だ」などと背中で教えているようなものである。例えば、平成十四年三月二十日の『産経新聞』には、千葉県館山市の小林肇さん（60）が、次のような投書を寄せておられた。

『通院する歯科医院の土間にある履物のいくつかは乱雑に脱ぎ捨てられていた。そこへ、幼稚園児かと思われる女児を連れた母親が入ってきた。

彼女は、それらの履物を一瞥《いちべつ》するや否や、つま先を外へ向けて手際よく並べ替えた。その後、自分と女児の靴のつま先を同じように手早く外へ向けて置き換えてから待合室へ上がってきた。

若い母親の良心的な行為を目にした私は、なんとなく心に負い目を感じた。履物の乱雑さを知りながら、ついついそのままにしていたからである。と同時に、彼女のごくごく自然な一連のしぐさの中に、人としての優しさを感じて快かった。

彼女の何気ない所作は、たぶん母親譲りのものではないか。

そして、彼女の優しい所作を、今度は女児が受け継いでいくのではなかろうか。

親の行為を通して、その行為の優しさや美しさを子供に感じさせることが、子供の心をより豊かにするのではないかと思った。（無職）』

この若いお母さんは、子供を連れていて、多くの患者さんの靴を「出舟の形」に揃えたという。だから、背中も、顔も、手足もふくめて全面的に、やさしく子供に〝善行〟を教えたのだ。「こうして揃えるものよ」と口先で〝押しつけがましく〟言わないところが、かえってすばらしいのである。

わかづくり

しかし又ある時は、口を使ってほめるのも、大変よい教育となり、子供ばかりではなく、周囲の大人たちも、全ての人々が教えられることがある。例えば平成十四年四月十四日に「富士河口湖練成道場」*に出講した時のことだ。この日は前日からの天気予報は晴れを予告していたから、きっと富士山がクッキリ見えるだろうと思って出掛けたが、あいにく空がかすんでいて、晴れてはいても、富士山はぼんやりとしか拝めなかった。

その時体験談を発表された後藤久子さん（昭和三十一年十二月生まれ）という東京都品川区南大井のかたが、この道場で行われた〝家族練成会*〟での体験を、次のように話された。この〝家族練成会〟なるものは、七年前から始まったそうだが、とても楽しい練成会で、二日目には家族で富士山にハイキングしたりするという。色いろと家族のかたがたの様子を外から見るのも勉強になる。その練成会の行事の中に、「ワカヅクリ」というのがある。私はこれを聞いて、「若作り」をして遊ぶのかと思ったが、そうではなくて「和歌作り」という。和歌を作って楽しむのだそうだ。そのような訳で久子さんは先ず自作の和歌二首を発表されたが、文字遣いは原作の通りでないかも知れない、〝聞き書き〟だから。

道場にて

讃嘆と祈りの波動満ちあふれ
　今古里に帰る心地《ここち》す
目覚むれば子ら安らかに寝息たており
　深きえにしにしみじみ感謝す

さて七年前、家族練成会が始まったころの久子さんは、和歌など作ったことがなかった。だから一つ作るのがやっとといった段階で、三日目の午前中に、作った和歌を宮本講師が皆の前で読んで発表してくださった。久子さんは我ながらヒドイ和歌だ、と思って出したのだが、その時宮本講師は彼女の和歌をとても誉めて下さった。簡単にほめるのではなく「絶賛して下さった」という。これはスバラシイ和歌だね。スゴイネこれは！　新聞の歌壇に出したいような和歌だねーと。はじめはマサカ……と思っていたが、毎回のように誉めて下さっているうちに、だんだん〝和歌作り〟が好きになってきた。和歌が好きになったのは自分だけかと思っていると、隣で久子さんの夫（弘明さん）がセッセと和歌作りをしていた。そのご主人に、

「和歌が好きになりました」

　というと、

「おれもだ」

と答えられた。そのような和歌作りの経験から、久子さんはとても大切なことを学んだのである。

ほめること

それまで彼女は、家庭で子供を誉めるとか叱るとかと言うが、「ほめるのは、子供の才能を伸ばす方法だ」と思っていた。しかしそれは違うと気付いたのである。

「ほめる」ということは、すぐれているとか、善いとか悪いとかという判断を超えた、その向こうの相手のいのちそのものを誉め称えることだと気付いたのだ。これはとても大切なことで、すべて〝手段〟は〝目的〟のために使われるが、〝目的〟の方が大切であるという気持がある。従って〝手段〟として「ほめている」時は、本心からほめているかどうか分からない。つまりそのコトバに心がこもっていないことが多い。そしてその気持が相手にも伝わるから、相手の反応は必ずしもよくない。ほめた効果が出ないのである。

これは「祈る」場合でも同様で、相手の健康を祈るのが、「病気を治すためだ」というような場合には、〝手段〟として神や祈りを使っているから、病気がよくなると、もう祈りも神も仏も不用となってしまい、いつまでも信仰が本物にならない。すると又病気がぶり返したり、あるいはやがてもっと悪いことが起ってきて、「本当の信仰とは、そんなものではないよ」ということが教えられるのである。

だから「ほめる」のでも、「よくする」ための〝手段〟として使っては、かえってよくないことも出てくるし、「よくなった」のも一時的という事もありうる。そうではなくて、講師のかたは彼女の和歌の奥にある久子さんのいのちそのものを誉め称えて下さったのだと気付いた。そして大いに感動した。そして「生長の家」の教育は、そのいのちの本質のすばらしさを認めて、いのちそのものを生かす教育だと思うようになったのである。

それが分かってからの久子さんは、子供をほめる時も、他の子供と比較して良いとか悪いとかというのではなく、その子本来の善さ、〝世界でただ一つの善さ〟を認めほめることを実行しはじめた。すると子供さんが次第に明るく生き生きとなって来た。長男が大輔君、長女が美穂子さん、次男は祐介君というが、そのようにして三人はどんどん生長してくれたのだった。

大輔君は今年中学三年生だが、久子さんが忙しくしていると「何かオレに出来ることはないか」ときいてくれたりする。祐介君はまだ幼稚園生だが、時々わがままを言うと、長男君が、

「おかあさんに迷惑かけるな」

と忠告してくれたりする。大輔君は背が高いので、そのコトバにも迫力がある。家族の

ことも色いろやってくれるので、「お兄ちゃん、ありがとう」というと「オレにまかせろ」などとたのもしいことを言う。七年前にはじめてご主人を家族練成会にさそった時、

「休みの日くらい、休ませてくれよ」

と言ってしぶっておられたが、そのうち、

「うちの子供がよく育っているのは、おかあさんのおかげだね」

と、今まで聞いたこともないような感謝の言葉を言われるようになり、度々練成会にも参加されるようになったという話であった。久子さんは最後に、最近作られた次のような和歌を発表された――

練成で学びし深き幸せを
　いのちの限り伝えんとぞ思う

梟のいる森

ところでさきに紹介した宮沢賢治さんの童話の中に「二十六夜」という作品がある。こ

の中には森に住む梟《ふくろう》たちの話が書いてあるが、旧暦六月二十四日の夜のことだ。松林のずっと奥の高い処で、梟の坊さんがお経を唱えている。

「……汝らつまびらかに諸の悪業を作る。或は夜陰を以て、小禽《しょうきん》の家に至る。時に小禽、既に終日日光に浴し、歌唄《かばい》跳躍して疲労をなし、唯唯《ただただ》甘美の睡眠中にあり。汝等飛躍してこれを握《つか》む……」

というような賢治作のお経である。あたりの林の枝には大小の梟たちがそれをだまって聞いている。次に坊さんはお経の中味を説いてくれる。梟が一日生きるには、雀やつぐみを十や二十は殺さねばならぬ。ところが一疋《ぴき》の雀が菩提心を起して、疾翔大力《しっしょうたいりき》という施身《せしん》大菩薩さまになられた。こうなるとどんな遠い所にでも、火の中水の中、どこへでも一飛びで行ける。ある饑饉《ききん》の年に母と子とが飢えて死にそうになっていた。疾翔大力はあわれんで、自分は食べずに木の実をこの母と子とに与えた。このような善業の功徳によって、大力の菩薩さまとなられたのである。

こんな説教を聞いていた三疋の子供梟のうち、二疋はふざけて遊んでいた。が、一番小さい梟は穂吉と言う名前で、まじめに聞いていた。次の日の二十五日のこと、この三人兄弟の家族のおじいさんもお母さんも泣いて、お父さんは大きな眼で西の方を見つめていた。穂吉の姿はどこにも見えない。どこかで人の子に捕えられたのだ。穂吉は赤い紐で臼《うす》の上にしばられていた。坊さん梟は皆をなぐさめて、穂吉に疾翔大力のおん名を唱え、反抗するなと伝えさせた。そしてこの日も説教を続けたのである。

恨むものではない

やがて六月二十六日の晩になった。その夜は穂吉も来ていた。しかし家族とは別の高い枝の巣に、半分横になって目をつぶっていた。死にかかっていたのだ。物も言えない。しかし説教が聞きたい様子だった、と母梟がいう。脚を二本折られて泣いていたのを助け出したのだ。そこで坊さん梟はこう言って聞かせる。

「うん。尤《もっとも》じゃ。なれども他人は恨むものではないぞよ。みな自らがもとなのじゃ。恨みの心は修羅《しゅら》（闘争の世界）となる。かけても他人は恨むでない。」

人の子は穂吉を「逃がしてやるよ」と言って連れ出して、ポキッと穂吉の脚を折ったのだ。穂吉は、もう死ぬんだなと思った。これを聞いた他の梟が、その人の子の家に「火をつけようじゃないか」と言ったが坊さんは、

「いやいや、みなの衆、それはいかぬじゃ」

と説いて、こちらが仇を返せば、向こうもさらに仇を返して、闘争が続くのだ。まるでイスラエルとパレスチナのように——とは書いてないが。そのうち母梟が、「穂吉穂吉しっかりおし」と叫んだ。穂吉の眼は白く閉じていた。お父さん梟が「お説教が始まるから」と叫ぶと、穂吉は眼をひらいた。坊さんは説教をはじめた。この日疾翔大力、爾迦夷《るかい》、波羅《はら》夷《い》の三尊が東のそらに出現まします……こうして昨夜の続きの読経と説教とが続いた。

やがて二十六夜の金いろの鎌の形のお月さまが、しずかにお登りになった。そして三尊のお姿が雲の上にあらわれた。捨身菩薩のおからだの左手がこっちへ招くように伸びたと思うと、いい香りが一面にただよってきた。そして穂吉は「かすかにわらったまま、息がなくなっていた」というのである。

このように、死を迎える人や生きものにも、真理の説法は安らかな救いを与えるという童話であり、本当の信仰は病気治しの〝手段〟ではなく、「死なないいのち」そのものを誉

め称える行（コトバ）だということが書かれているのである。

＊　富士河口湖練成道場＝山梨県南都留郡河口湖町船津五〇八八にある、生長の家富士河口湖練成道場。
＊　家族練成会＝生長の家富士河口湖練成道場で行われている。練成会とは、合宿して生長の家の教えを学び、実践する集い。

2　善き言葉の創化力

光明面を見る

最近は日本経済がドン底の状態で、将来どのような不況やパニックが起るか分からないという悲観論が聞こえてくるが、そのような「暗いコトバ」ばかりを信じて、意気消沈しているといけない。何故ならこの現象界は「コトバで作られる」からである。コトバというのは心の中の思いであり、「行」と書いてコトバと読ませる場合もある。「行」が積み重なったのを「業」というが、仏教では業の内容を身《しん》・口《く》・意《い》の三つに解して、「三業《さんごう》」と言うのだ。

身は行為であり、口はコトバ、そして意は心の働き（思い）のことであり、この「三業」が人生を形成するという。従って善い行いをし、善い言葉を使い、善い心を持って生活すると、「善業」が積まれて、「善果」が現れてくる。その逆に「悪業」を積むと「悪果」が現れて、不幸や災難、そして貧窮や疾病をもたらすという「法則」、即ち「業の法則」「心の法則」があり、こうしてコトバが現実を形成するのである。

そこで『生長の家』七つの光明宣言の第六項目では次のように宣言する――

『吾等は善き言葉の創化力にて人類の運命を改善せんが為に、善き言葉の著述、出版、講習、講演、ラジオ放送、テレビジョンその他凡ゆる文化施設を通じて教義を宣布するものとす』（『新編　聖光録*』七三頁）と。

ところで世間ではよく物事にはすべて光明面と暗黒面とがあると言う。しかしこれは「現象界」のことであって、本当に実在する世界（「実在界」「神の国」「実相」）のことではない。この世という「現象界」は三次元世界（物質界）に「時間」の次元を加えて「四次元の時空間」というが、「実在界」は無限次元の世界であるから、いわば〝光一元〟の世界である。暗いところや欠点、不完全のナイ世界であって、「唯一絶対神の世界」である。この世界の〝写し〟が〝現象界〟だから、そこには仮に暗い影が現れて見えているのである。そこで「光明面」を見るようにしていると、「神の国」のすばらしさがより一層よく見えてくるようになる。だから暗黒面（欠点や不完全さ）を見るのではなく、光明面を見て、「善き言葉の創化力」を発揮しようという宣言なのである。

会社の破産

さてどのように見るかというと次のような実例がある。平成十三年十一月十一日に、山口県の「松陰練成道場」*で特別練成会*が行われた時、下関市彦島角倉町《ひこしますまくら》三丁目に住んでおられる松岡辰夫さん（昭和二十七年二月生まれ）が、次のような体験を話して下さった。平成八年、松岡さんが勤務していた木工会社が破産したというのである。それまで松岡さんはこの会社の工場長をしていて、家や船舶の内装を受け持つ技術者だった。大体唐津一《はじめ》氏も言っておられるように、日本は古来物作りの技術に長《た》けていて、とてもよい物を作る底力を持っている。だからこの職人的信念をしっかり身につけていた松岡さんは、平常

から口ぐせのように、

「たとい本社はなくなっても、工場は残る」

と主張していた。何故なら吾々は技術者の集団だ。技術というものは、絶対なくならないと信じていたからだ。しかも松岡さんは昭和四十五年から生長の家に入信していた。そこで『ひかりの語録』*という谷口雅春先生*のご本を読んだところ、最初に「生きた生命」、次に「夢を描け」という二つの詩が出てきた。これを読むと、ただもう自分を励ましてくれているすばらしい光のコトバだと感動し、一ぺんに元気づいた。そこで明くる日に従業員に対してこう話した。

『この会社は、今日で終りです。しかしこの工場は絶対に残ります……』

そう自信をもって話してから一時間ぐらいもたつと、色々な業者の人がやって来て、自分達の納めた部品や材料を持ち帰り始めた。そしてまるで暴動の様相を呈した。ところがその時、一台の乗用車ベンツがスーッと入って来た。皆はヤクザが来たのかと思ったらしい。すると運転者が降りてきて、

『ここの責任者は誰か?』

ときくのだ。人々が黙って松岡さんを指さす。仕方なく松岡さんが名乗り出ると、この来訪者はヤクザではなくて、実は元請け会社のオーナーだった。吉田さんというこのオーナーが、

『あんた、このやりかけた仕事を、どうするんだ』

と聞く。松岡さんは、自分達でこれらの製品を完成させて、組合でも作って、この現場で従業員と一緒に仕事を続けたいと固い決意を伝えた。するとオーナーさんは、松岡さんの態度と決意が気に入ったらしく、

『じゃ僕も協力しよう。そして従業員たちの給料は、全部自分が払うよ』

というのである。そこで松岡さんは全従業員を集めて、以来夜の十時まで残業をしながら、一ヵ月間一心不乱に働いた。そして一日も遅れることなく、製品を納入したのであった。しかもこの品物は船舶の仕事だったから、もし納期が遅れると、一日四百万円の違約金を払わなければならなかったが、仕事が完了したのでその損害はまぬがれた。そこでオーナーさんは喜んで、

『今後も一緒に仕事をしようや』

と言ってくれたのである。

信仰の力

しかし松岡さんはもとの会社の工場長だった関係上、責任がある立場だと思い、

『どうかうちの若い者を中心にして、この工場を続けていって下さい。私は身を引きますから』

と答えた。すると彼は、

『あなたを気に入ったのだ。あなたがこの会社に入ってくれることを条件に、全従業員を雇用しましょう』

というのである。そう言われた時、松岡さんは急に涙が流れて来た。そしてこれは私ではなく、「生長の家」の説く教えを気に入ってくれたのだと思い、感動して吉田さんの会社に入社したのだった。

こうして三年ぐらい経った時、吉田オーナーは「自分の会社を作らないか」と言う話を

持ちかけてきた。そこで松岡さんは、

『自分にはお金は一つもありません』

と答えたところ、オーナーは全部を出資してくれて、〝株式会社ＹＦＦ〟（吉田・ファーニチュア・ファクトリーの略）従業員二十六名の会社が出来上り、それを経営して三期目になるが、売上は毎年上昇しているということだ。

そして松岡さんが毎日やっていることは、従業員全部の名前を口に唱え、「ありがとうございます、ありがとうございます」と感謝し、得意先や協力業者の名前も全部唱えて、同じく感謝することである。すると不思議なことに、仕事が実にスムースに進むという話であった。

現在松岡さんは相愛会*の会長であり、地方講師*でもあり、「栄える会*」の会員としても大活躍をしておられるというのである。これはまさに『ひかりの語録』の明るいコトバが「物作りの仕事」に光を与え、無私無欲な松岡さんの人格が現象界に展開して行った一例であると言えるであろう。

即ち仕事には一個人の〝我《が》の力〟の現れではなく、彼の信仰する「神のみ心」が展開するのであって、その力の偉大なることはどのような時代でも、又インフレやデフレを問わず光り輝くのであり、その光は仕事の面のみならず健康の面でもハッキリと実現するのである。

大きい方が好い？

さらに又同日の特別練成会での体験発表の最後の時間に、廣瀬亘《わたる》さん（昭和十三年十二月生まれ）という方が次のような体験談をされた。廣瀬さんは広島市西区三篠町《みささまち》二丁目に住んでおられる自営業の代表者で、奥さんはアサ子さんといって、同自営業の事務を手伝っておられる方だ。この廣瀬さんの専門はというと、「話があっちへ行ったり、こっちへ行ったりすること」だとおっしゃっていたから、ユーモアのある明るい心の話し手だと思う。

廣瀬さんが生長の家の教えに触れたのは、高校二年の十七歳の春、〝紅顔の美少年〟の時だったそうだ。以来色々のことがあり、〝途中下車〟もあったが、やはり若い頃にふれた信仰は、何らかの形で心の底に残っているものである。ところが彼は平成十三年九月十二日に、突然入院することになった。それまでも三十年前、二十年前、十年前、五年前といった間隔で病気の症状が出ていた。〝肺炎になっているのではないか〟という気もしたが、平成十三年の七月から九月十日ごろまでは気温が高く、暑くてたまらず、クーラーや扇風機をかけ続けていたが、汗がダラダラと出た。彼は昔から汗かきだったので〝感謝〟しながら生活していたが、どうしても咳がとまらないし、汗もすこぶるよく出るのだ。

さらに今まで医者から「心臓が肥大している」と言われていた。昭和三十年ごろ三菱重工の会社勤めをしていたころ診てもらったら、「あまり永くはもたんだろう」と言われたことがあった。しかし彼は、肥大というと他人より大きい心臓なんだから、嬉しいぞと思って、そう言ったりして元気に働いていた。

「大きい方が良い」

と信じていたというから、ずいぶん光明面を見たものである。ところが咳の件で近所の医者に診てもらうと、いきなりレントゲンをとられ、「これは大変なことになっている」と言われた。

『それにあなたの心臓は以前より大きくなっとる』

と言う。するとその晩の十時ごろからどうも眠れない。汗が出るし、息を吸っても吐いても、どうにもならないくらいしんどいのだ。近くに消防署がある。「わけが分からなくなったら、救急車を呼んでくれ」と言って、横になって我慢した。こうしたままで奥さんに付きそってもらって朝まで過した。やっと朝になったので、奥さんと子供さんに市民病院まで連れて行ってもらった。

病院は九時から診療が始まるのだが、どうにも我慢ができない。奥さんが看護婦さんを呼んでくれたので、治療室に入った。廣瀬さんは三年前にもこの病院に来たことがあった。その時ドクターから「入院しなさい」と言われたが、「今はよろしゅうございます」と答えて入院をしなかった。ところが今度来てみると、その同じ先生が診てくれて、

『だからあんたに、入院しなさいと言っただろう』

と責められた。そしてバリュームをのみカメラを吞まされた。その間息が苦しいから、カメラを吞む痛さなんか問題でなかったという。

それからさらに心臓への電気ショックというのをやろうかという。一分間ぐらい心臓が止まるが、ほとんどの人はそれで治るというが、「あんたの場合は、どうなるか分からん。

半身不随になってもいいか……」などと言われた。色々と検査されて、どうやら血栓がなさそうだから、というのでバンとやってもらった。

すると脈拍が最高百四十あった。普通は七十から八十くらいだ。医師が三人がかりで色々と研究してくれた。そしてカテーテル検査をして、どこが悪いか分かったら、手術をしましょうと言われた。さらに又、

『あんたの心臓は頭の命令に従わずに、勝手に動くのだ』

とも言われた。その言葉が廣瀬さんにはギクッときたのである。それは彼が今まで親に対して勝手に動いていたと思ったからだ。父が社長だった頃、社長の命令を聞かずに、自分で勝手に動き回っていた。親（社長）の言うことを聞かず、息子（部下）が勝手に動いていたが、これと同じことが身体の中で行われていたのであった。これは「心の法則」の中にある〝心身相関〟の原則であり、自分の心が自分の肉体に「類を以て集まる」ように実現していたのだと気付いたからである。

明るく、たのしくやりましょう

こうした反省が行われた後に、病院の検査が行われ、心電図は勿論、エコーの検査等も入念に行われた。いつも看てくれていた看護婦さんが最高百四十あった脈拍が八十以下になったという。さらに血圧は上が八十五で下が八十だといって医師が診に来てくれたりしたのが四、五日も続いた。しかも看護婦さんは夜半でも来て看てくれて、すこぶるやさしく、

『どうですか、いかがですか』

ときいてくれる。

『ありがとうございます。丁度ようございます』

と答える。これも明るいコトバのやりとりだろう。子供がそれを見て、奥さん（母親）に、

『父ちゃんは、中々退院しちゃないよ。看護婦さんがやさしいから……』

と感想を伝えた。さらに血流を検査する時は先ず十分間じっとしている。あと又二十分じっとしている検査の時に、音楽が流れてきた。それが「おふくろさんよ……」という森進一の歌だ。その歌を聞いて亘さんは、母親のことを思い出した。ありがとうと感謝していると、今度は「大阪しぐれ」という歌が流れて来た。すると亘さんは、家内よすまん、すまんと感謝した。やがて「長良川艶歌」が流れてきて、さらに「細雪」になったのである。

〝万事好都合〟というのはこのようなことだろう。これはきっと「青春を取りもどしなさい」という教えだと思い、検査中も感謝を続けた。その結果、「あなたはこの病院では設備が足りないから、別の病院に移りなさい」ということになり、紹介されて市内のあかね会土谷《つちや》総合病院という心臓の専門病院に転院した。

すると再び同じような検査が繰り返されて、血液がどろどろだからバンをやるのはあぶない。しかしやらないわけには行かないというので、やらされた。麻酔をしてバンとやられるのだが、その時何だか漬物石を心臓の上に落されたようなショックをうけた。

『先生、今麻酔をして下さったんですか？』

『今、ちょっと麻酔が早かったな』
『今度やる時は、よろしくお願いしますよ』
そんなことでバンを三回やらなくてはならない。しかしそれをやるとあぶないから、すぐ手術をしましょう、というので、カテーテルアブレーションという手術をした。股間の二本の血管と肩から一本の血管にカテーテルを入れて心臓に達し、エコーで見ながら心臓の中を焼き切る手術だそうだ。

その間奥さんや子供さん（といっても長男さんが三十四歳くらい、次男さんが三十歳くらい）たちが付き添ってくれて、手術が行われた。長男の賢治さんはそれまでも、「人間は神の子である。霊的実在である。病はないのである。悪を見ず良い所に感謝せよ」と話してくれた。次男の裕治さんは一心に神想観*をし、『甘露の法雨*』を誦げてくれたのだった。

さらにみんなで亘さんの身体をさすってくれ、「お父ちゃん、ガンバレ」というが、家内は四部経*を誦げてくれて、仕事に出て行った。そうした家族の愛念がとても嬉しかった。さらに教化部長*を始めとして、多くの幹部さんや誌友*さん、教化部*の方々が祈っていて下さった。さらに総本山*や本部*、宇治別格本山*、河口湖練成道場などに神癒祈願*をして下さっ

て、いよいよ手術が始まった。どのくらい時間がかかるのかと聞くと、

『あなたの場合は、ちょっと難しいから、何時間かかるか時間は言われん』

という。手も足も縛られて、三時半から手術が始まった。しかしドクターが、

『廣瀬さん、全身麻酔ができないよ、不整脈だから』

というのだ。仕方がないから神様に全托して祈っていると、意識があるので室内の話し声や計測の声が聞える。その間全ての人々に対して感謝し続けていた。すると何の痛みも感ぜず、知らぬ間に手術が終っていた。五時間の手術ですんだということであった。

その後はしばらくすると汗もあまり出ず、とても楽になり、現在廣瀬さんは相愛会長、地方講師として明るく、たのしく大いに活躍しておられるといった状態なのである。

＊『新編 聖光録』＝全神示を冒頭に、神想観や浄心行、誦行など生長の家の行法の全てを網羅。信徒の心得べき要目一切を手軽な文庫判におさめた生長の家信徒必携の書。（谷口清超監修、生長の家本部編、日本教文社刊）
＊松陰練成道場＝山口県吉敷郡阿知須町大平山一一三四にある、生長の家の道場。生長の家の各種宗教行事が行われている。
＊特別練成会＝生長の家総裁・谷口清超先生ご指導のもとに行う練成会。
＊『ひかりの語録』＝著者の詩と箴言を収め、真理のエッセンスを満載した書。谷口雅春著。（日本教文社刊）

＊谷口雅春先生＝生長の家創始者。昭和六十年、満九十一歳で昇天。主著に『生命の實相』（頭注版・全四十巻）聖経『甘露の法雨』等がある。（いずれも日本教文社刊）

＊相愛会＝生長の家の男性のための組織。全国津々浦々で集会が持たれている。

＊地方講師＝自ら発願して、生長の家の教えを居住都道府県で伝える、一定の資格を持ったボランティアの講師。

＊栄える会＝「生長の家栄える会」の略称。生長の家の経済人で組織するグループ。

＊神想観＝生長の家独得の座禅的瞑想法。詳しくは、谷口清超著『神想観はすばらしい』参照。（日本教文社刊）

＊『甘露の法雨』＝宇宙の真理が分かりやすい言葉で書かれている、生長の家のお経。詳しくは、谷口清超著『『甘露の法雨』をよもう』参照。（日本教文社刊）

＊四部経＝聖経『甘露の法雨』を始め『天使の言葉』『続々甘露の法雨』『聖使命菩薩讃偈』が一冊に収録されている、生長の家のお経。

＊教化部長＝生長の家の各教区における布教、伝道の中心となる責任者。

＊誌友＝生長の家の月刊誌を、定期購読している人。

＊教化部＝生長の家の地方における布教、伝道の拠点。

＊総本山＝長崎県西彼杵郡西彼町喰場郷一五六七にある、生長の家総本山。

＊本部＝東京都渋谷区神宮前一―二三―三〇にある生長の家本部会館。

＊宇治別格本山＝京都府宇治市宇治塔の川三二にある、生長の家の道場。生長の家の各種宗教行事が行われている。

＊神癒祈願＝神の癒しによって、問題が解決するように祈ってもらうこと。生長の家本部、総本山、宇治別格本山、本部練成道場などで受け付けている。

3　善行はたのしい

ハンカチで拭く

人間には色々のタイプがあり、良いことをする人もいるが、悪いことをして、他人を監禁したり、傷つけたり、殺したりする人まである。これは人間の「無限力」の表現が、他の動物や植物よりもすすんでいるためでもあるが、もし人々が悪いことの表現に傾くと、この地球という「表現の場」は破壊されてしまうのである。

しかも人間は善悪の区別を知っている。だから進んで善いことを実行するようにしなければならない。例えば平成十二年二月八日の『産経新聞』には、神戸市垂水区に住む山下たえみさん（71）の、次のような投書がのっていた。

『先日、買い物帰りで昼過ぎに電車に乗ったときのこと。リュックを背にした男の子が腰をかがめて電車の床をハンカチでふいているではないか。驚いて、よく見ると片方の手にはジュースの缶を握っていた。

「こぼしたの」と尋ねると、「いや、この缶が、向こうから転がってきたの」。だれかが捨て、汚したのを後始末していたのだ。

「ぼく、えらいね」と声を掛けると、にっこりしながらハンカチを上着のポケットにねじ込んだ。

小学一年生だという。電車で帰る途中で、缶をしっかり握り、「下車駅でごみ箱に捨てる」と言ってくれた。

多くの人前で大人だったらどうだろう。〈小さな子供が自然に行動できるって何だろう〉と考えると、目の前の男の子の家族が見えてきた。やさしい祖父母や両親の日ごろのしつけなどいろいろ脳裏に浮かんでくる。

豊かな時代とともに忘れゆく、思いやりの心を改めて教えられた気がした。私が先に降りるのに気づき、「バイバイ」と手を振ってくれた笑顔が忘れられない。（主婦）』

小学校一年生のこの少年は、本当に善いことをしてくれたと思う。誰か別の人が車内に捨てた空カンを拾って、中のジュースがこぼれた床を、自分のハンカチで拭いたというから感心だ。私も何回かこのような空カンを見つけて、駅のゴミ箱の中に捨てたこともあるが、まだ自分のハンカチで床を拭いたことがなかったので、一層感動した。

こうした善行は、何か人に見せびらかしたいという気持よりも、多くの人は「はずかしい」と思ってやらないものだが、はずかしいことは何一つない。中味の残ったカンを捨てる方がはずかしいはずだが、それとは逆の心理状態になるのは、人々が善行のよさを正しく知らないからであろう。

清貧

善行は自分だけの善行ではなく、それを見ている多くの人々の心に、何かを訴えかけてくれる。そしていつしか人々に良い風習が伝わってゆくものである。きっとこの少年の父母は、善行のモデルを示してくれたりして、子供を立派に教育された方だと思う。又マスコミもこのような〝小さな善行〟を大いに取り上げて、悪事や失敗や、インチキや不正を報道する割合を少なくしてゆくようにしてもらいたいものである。

そこで同日の同紙の投書欄を見わたしたところ、次のような記事ものせられていた。

『
砂田育代　33
（大阪府摂津市）

一月三十一日付本欄で「知足」「清貧に甘んずる」は現状容認の敗北主義というご意見があった。

人間の幸せを金銭や名声、物質的な豊かさのみで計るなら、そうかもしれない。しかし、実際はそれだけではない。

例えば、私は狭い借家に住み、パソコンも携帯電話もブランド品もない。これといった才能もなく、内向的な性格のせいか友人も少ない。考えれば落ち込むだけだ。

けれども、この小さな家は日がよく当たり、ふとんも干せる。余分なものがないと電気代がかからないし、部屋も広く感じる。私は丈夫な体を持ち、家族は皆元気。内気なのに結婚はできたし、夫はやさしい。それにどうだろう。ポストには数少ない友人からの心のこもった手紙が入っている。私はなんて多くのものを持っているのかと気づき、心はたちどころに豊かになる。元気が出てくる。

ないものばかり数えると、不平不満ばかりになる。庶民だからこそ、今自分に与えられたものに感謝し、喜ぶ。これで私はいいと思うが…。こういうのは、甘いのだろうか。（主婦）』

この「知足」とか「清貧」という言葉は、現代日本の若者には聞きなれないかも知れない。いたる所に物が充ちあふれていて、ケータイが大はやりという時代だから。先日も私が歩いて本部へ通っていると、後ろで「もしもし」という声がした。私がハイと言ってふり返ってみると、一人の青年がケータイで会話しているのだった。丁度電話が相手に通じたところだったらしい。「知足」とは足るを知るということだ。

大体「貧」という漢字は、「まずしい」と読んであまり歓迎されないが、分と貝と合わさった字だ。貝はお金（貨幣）をあらわしている。〝お金を分ける〟という意味で、財産でも独りじめしないで、皆で分けると、少なくなるから、まずしくなると思うのだろうが、本当は独りじめして他人に分け与えないと、その心は豊かではなく善いとはいいにくい。しかも清貧とは、財を清らかに分けるのだから、自分だけひとりガツガツとお金をため込むのとは正反対の、清潔な生き方を現している言葉である。

業の法則

砂田さんというこの投書の人は、パソコンもケータイもブランド品もないが、色々と「ありがたいこと」を見つけて感謝してくらしておられる。小さな家でも、日当りがよいとか、夫はやさしいとか、手紙がくるとか、よいことや明るいことばかり見つけて喜んでおられるようだ。こういう人が果して〝敗北主義〟と言えるだろうか。光明思想の持主であろう。

元首相をつとめていた小渕さんも、いつか「コップの中の水の足らない所ではなく、水の入っていて足りている所を見よう」など言っておられたが、これもやはりよい生き方だ。日本の現状でも、かつて大戦争をして、何もかも物が不足し、おまけに言論も自由でなく、統制ばかりで、お米の配給もままならず、イモやカボチャばかり食っていたころにくらべたら、天国と地獄のような違いがある。

あのころはろくにガスも出ず、電灯も明るくともらなかった。自動車など、ガソリン不足でめったに通らない。オンボロのトラックぐらいのものだ。しかしこういう不自由生活が「清貧」とは言えないようだ。たしかに国民の富の大部分は戦争に分け与えられたが、それは強制的に吸い上げられたのであって、「与える」という心に乏しかったから、「ありがたい」という感じが少なかったのである。

しかしそんな中でも、国家のために命を捧げるのだと信じて色々と献納し、遂に肉体のいのちを捧げて死去された方も沢山おられた。このような方々は立派であって、現代人のあまりにも豊かさや便利さに鈍感な「わがままの仕放題」の人よりは、ずっと〝善徳〟を積まれた人々である。しかし本来神様が戦争をさせておられるのではなく、「神の国」は本来大調和そのものであり、智慧であり愛であり、不死・不滅の世界であるから、戦争には迷いがつきものである。だから「ありがたい」にもどこかに悲しみが伴うので、家族の人々の悲しみとか国民の不便とかが出てくるものだ。

従って戦争に勝っても、心からは喜べない。領土をうばい取っても、「奪うものは奪われる」という「心の法則」によって、結局将来は不幸な状態に陥るのである。ところが人々が愛と智慧とに満ちあふれてくると、「与えるものは与えられ、愛する者は愛される」という原則によって、豊かなたのしく嬉しい生活を、多くの人々が享受することになるのである。

だから物や金や、地位や名誉などを奪い取ろうとしてはダメだ。学校の成績でも、カンニングをしていくらよい点を取っても、これでは何の役にも立たないどころか、あとになってとんでもない失敗をやり、学業や仕事を台なしにしてしまう。これが「業の法則」である。だからウソをついてゴマカシても、それは悪い業を積むばかりだから、〝不幸〟を予約した〝気の毒な人たち〟といってよいのである。

ウソを言わない

もし人々がたった一つ、「ウソを言わない」ということさえ実行したならば、どんなに世の中が明るくなるか測り知れない。大抵の犯罪は、ウソから生まれる。ウソは泥坊の始まりと言われ、取ったのに「取りません」では、色々と警察のご厄介になるばかりで、さらに裁判では大変な年月と国費私費を浪費する。かつて一九八五年には、十五歳の女子中学生をレイプして殺したという「草加事件」が発生し、疑われた六人の少年の内の三人が少年審判で有罪とされた。この事件が尾を引いて、さらに民事事件としても訴えられて争われ、平成十二年二月七日の判決文では最高裁が「少年たちの自白には幾多の疑問がある」と言って高裁に差しもどされたのであった。

かつて少年達は警察の取りしらべで「やりました」と自白したのに、その後は「やってない」と主張したのである。人を傷つけたり殺したのとやらなかったとでは大違いだ。もし本当にどちらかをやったのなら、ウソを言わない人なら「やった」というし、やらなかったら、誰が何といっても「やらない」で通すだろう。ところがこの事件では、自白がほとんどのキメテとなったので、有罪となり少年院に送られた。

しかし残された犯人の血液型がAB型だのに、三人の少年のはB型かO型だというので、民事の最高裁は差しもどしたのだ。しかしこの点犯人が多数だから疑問が残る。つまりどこかにあったウソが、このようなややこしい結果を生んだのであり、事件が起ってから十五年たっても、まだ民事の方は片付かなかった。刑事の方は三人が少年院送りで、もうその期間が終って出所しているといった変な形になってしまった。

だから人は正直でなくてはならない。そして子供は皆本来は正直なのである。それをそのままのばしたらよい。また子供はもともと父母を愛している。だからその愛をのばして、「ありがとう」という気持でくらしたら、みな幸せになるのである。ウソのない生活ぐらい有難くて楽しいものはない。この日本でも昔は口約束だけで、何の証文もなくて、約束通りの買物や処理ができた。値引き交渉をして、

「そんなねだんでは損をします」

などといって、十円でも二十円でも高く売ろうということもなくてすんだことだ。ところがいつの間にか商売にはウソとカケヒキが加わり、ややこしい証文が必要となり、人々のウソも上達して、南京大虐殺でも、「三十万人を殺した」などといい出した。それがハッカーによって有力官庁のコンピューターに入り込んだりするようになったから、つまらぬことに費用と心とが浪費されるのである。

本当の清貧というのは、いらぬことに金銭やエネルギーを浪費しないということだから、

これは敗北主義でも何でもない。必要とされる正義の行為には惜しみなく奉仕するのである。こうして国や社会に分け与えた善行の報いは、全て天の倉に貯蓄されて「善業」となり、適当な時と人とに自動的に支払われ、「善果」となって現実化するのである。要するに努力したり、善いことをして人を救ったり、奉仕したり、分ち与えたりしたものは、莫大な天からの利子をつけられて返ってくる。だからどんなに外見が貧しいようでも、決して貧しくはないところの「真の富者」だと言うことができるのである。

表現の問題

どの国の大人にとっても、老若男女を問わず、以上の原則に変わりはないのである。ことに学生には金銭的な貧しさよりも、〝成績の貧しさ〟が問題になりやすい。つまり学業成績が悪いから、卒業できないとか、入学や就職に差しつかえると思って悩むことがあるかも知れないが、そんな心配もいらない。見せかけの成績は、本当に彼や彼女の〝頭〟が悪いのではなく、ただ〝答案用紙にうまく書いてなかった〟とか〝うまく返答しなかった〟

とかといった「表現の問題」にすぎないのである。だから心を切り替えて表現の練習をし、努力さえするならば、いつからでも立ちあがれる。

平成十一年十月十日の総本山での「全国青年練成会」*で、柏市柏に住んでおられる角井《かどい》隆三君（昭和五十六年二月生まれ）が、こんな体験を話してくれた。彼の母は彼が生まれる前から生長の家を信仰しておられたが、隆三君はまだ生長の家の本を読む気にはなっていなかった。ところが高校一年の夏に父が胃癌の宣告を受けたのをきっかけに、広島で行われた夏季高校生練成会に参加したのだ。

というのも彼が生まれるとすぐ、母が「あなたは神の子、完全円満、無限能力、大天才、やれば出来る、必ず出来る」と語りかけていて下さったから、その（よい言葉の）善業が積み重ねられていた結果であろう。すると練成会の講話に感動して「やっぱり生長の家はすばらしい」と思い出した。以来角井君は生高連*に入って活動し、生高連の連盟委員長もつとめたのである。

しかし彼はまた遊ぶのも大好きで、友達と遊んでばかりいた。すると一学期に一回中間テストがあり、期末テストも来る。その他全国模擬試験（模試）が行われた。三学期の模試の時、数学が百点満点の中でたった二点だった。彼の友達も大抵二点や四点ぐらいだったので、また遊びだしていた。ところが一年の終りごろ、進路を理科系か文科系かどちらかにきめる時、彼には兄が二人いて、長男の兄さんが建築をやっていた。そこで彼もこんな仕事がやりたいなと思い、迷わず理科系を選んだのである。

全托と「神想観」

すると先生から呼びだされ、

「お前は理系に○をしているが、これは何かの間違いだろう」ときかれた。

「いえ、間違いじゃありません」というと、

「お前みたいなのが理系に進むと、三年になってから、文系に進みたいといって苦しむのだから、今のうちなら間に合うから、今から文系にしとけ」

と忠告された。

「でも先生、僕は勉強しないから数学ができなかったので、やれば出来ます！」

と答えた。その頃父が胃癌で死去されたが、それまでに彼にはいつも「大学には行ってくれ」と言っておられた。そこでそれなら親孝行のためにも大学に行こうと思って、以来勉強をしだしたのである。しかし成績は中々のびない。やがて三年生になると、自分の志望大学を書けと言われた。そこで書いて出すと、また先生から呼び出され、

「お前は又こんな大学を書いてるけれど、自分の偏差値がいくらか知っているのか？」

「はあ、四十くらいですね」

「だったら浪人したら行けるだろうが、現役だったらとても無理だよ」

といわれる。ショックを受けて、家に帰って母に相談すると、母が言われるのには、「神想観」をしていないね。聖経*読誦も一日一回はしなさいよと教えられた。以来彼は母の言うようにやっていると、今まで三十分勉強しても疲れていたので、一時間くらいマンガを読んで、又三十分ぐらい勉強をするようなことをしていた。けれども「神想観」をやり出すと、三、四時間は楽しく勉強が出来るようになったのだ。すると成績もどんどん向上し、夏の終りの全国模試では、数学は二百点満点中百九十六点という所にまで上がった。他の数課目も上がったので、高校理系の中で学年二位の成績となったのである。こうして大学

受験の一週間ぐらい前には生長の家の本を読んだり受験勉強したりして、受験の前日には十時ぐらいに寝た。しかし中々眠れないので、二時頃に起きて「神想観」をやった。眠れないこの日の次の日が第一志望の大学だった。

しかし「神想観」をしていると、「今日眠れないから力を発揮できないような自分ではない。神の子・無限力だ」と思うことができ、「神様に全てをおまかせすればよい、自分の力で何かしようと思う必要はない」と気がついた。結局その夜は一時間ぐらいしか眠れなかったが、翌日はとても頭が冴《さ》えて、第一志望の東京理科大学の試験に合格したのであった。

＊ 全国青年練成会＝生長の家総裁、谷口清超先生ご指導のもと、総本山で青年を対象として開かれる、「生長の家全国青年練成会」のこと。
＊ 生高連＝生長の家の高校生のグループでつくる、生長の家高校生連盟の略称。
＊ 聖経＝『甘露の法雨』を始めとする生長の家のお経の総称。他に『天使の言葉』『続々甘露の法雨』『聖使命菩薩讃偈』などがある。（日本教文社刊）

Ⅱ　当たり前ほどステキなことはない

1　陰極は陽転する

難病になった

人生には色んな出来事が起るが、ムダなものは一つもない。無駄というのは、ふつうムダと読むが、駄は国字であって、漢字ではない。馬に荷物を乗せることであり、荷物を人の背に乗せることでもあり、あるいは「つまらない、くだらない」というような意味に使った言葉である。大きく太った馬のことも言うから駄とも書いた。

そこで無駄という言葉は、〝くだらないものは何もない〟という意味にもなっている。

そもそも駄馬というと、荷物を運ぶ馬のことだが、これが〝役に立つ馬〟であることは明らかで、外見はあまりパリッとしないが、本当はとても役に立つ馬だった。そのように見たところはつまらなくて、おそまつで、いやだなあと思っても、それが実は役立っていてムダではない「無・駄」なのである。

そこでこの世の中で、失敗したとか、落第したとか、失業したといって、決して悲観したり、絶望したりしてはいけない。よく病気になり、〝難病だ〟と言われて、ガッカリする人もいるが、それが何らかの役に立ち、かえって魂的に成長し、真理の教えに導かれる切っ掛けになるようなこともある。

かつて坂本竜馬という武士がいたが、彼は生まれた時、智能が劣っていたらしく、〝うすのろ〟と思われていたが、大きくなるにつれて次第に才能をあらわし、体格も立派になり、明治維新の時大活躍をし、勝海舟に「薩長連合、大政奉還、あれァ、ぜんぶ竜馬一人がやったことさ」と言わせたような第一級の人物に成長したのである。しかも超一流の剣の使い手だったという話だ。

さて別の例をあげて説明すると、平成十三年十月二十日に、総本山での団体参拝練成会*で、西角真誇《にしかどまこ》さん（昭和四十年五月生まれ）という方が、次のような体験を話して下さった。彼女は堺市田園《たぞの》に住んでおられる専業主婦で、ご主人は浩二さんという会社員である。平成八年の夏が終りかけたころ、彼女は突然微熱と異常なからだのダルサを覚え、幾つもの病院に行って診察してもらった。四つ目か、五つ目の病院で、やっと膠原病だと言われたのである。ドクターから、「この病気は難病で、治ることはありません」と宣告された。彼女のおばさんも膠原病で死亡しておられたので、死の恐怖に襲われ、「どうして私がこんな病気になるのかしら」と思い悩み、とても苦しんだのである。

白鳩誌の中に

そのころ西角さんの子供さんは、小学校二年生と三歳の幼児の二人だった。そこで「この子達をおいて死ぬわけにはいかない」と思い、無理をして身体を動かしていたが、しんどくてたまらない。そこでご主人に「しんどい！」と嘆くといつも、

「しんどかったら、寝とき」

と言われる。〝難病〟という医師の言葉が彼女の胸に突きささっていたのだ。そこでしん

どさを我慢し通していたが、だるさと不安と子供の問題とを抱えて苦しい三年間を過ごした。そんなある日のこと、ポストの中に一冊の『白鳩』誌*が入っていた。それを見て真誇さんは、三宅すてさんという祖母が生長の家を信仰していたことを思い出して、その『白鳩』誌を一心不乱に読んでみた。

すると、「幸せは自分の心で作るもの」と判ってきたが、夫への不信感や子供に当りちらしている自分の心を、どうすることも出来ない。その上気がつくと、膠原病の薬のステロイド剤の副作用で、まるで鬱《うつ》病のようになり、身体も心もボロボロになっていたのである。生きていること自体が辛くて、どうしていいのか分からない。

しかし彼女はやっとのこと両親への不足の思いがあったことに気付き、親を赦すことができない自分が苦しくてたまらなくなった。そこで思い切ってご主人にその苦しみを打ち明けた。すると浩二さんという夫は、

「なんであんなに大切にしてくれるお父さんやお母さんを、お前は恨むんや？」

ときかれた。その時彼女は、人をせめたり審いたりしている自分の心がいけないと思うと、それが又苦しいのであった。

そんな時、友達の知人から、「当り前の生活を、当り前と思って、感謝することを忘れてはいけませんよ」と教えられ、ご先祖のお墓参りや氏神さまへのお参りをしなさい、とすすめられた。それをきいて彼女は、素直にお参りを始めたのである。

このようなお墓参りなどは、日本人に古くから根づいている風習だが、「感謝する」ということの具体的実践であり、とてもよい風習といえる。しかもそのころには、病気について色々と考え、病院の医師のコトバで傷ついていたと分かったので、別の病院に行って診てもらったり、心療内科に行ったりした。

ところがある日のこと氏神様にお参りすると、そこに『白鳩』誌が置いてあった。それを毎月読むようになったのである。その中に『生命の實相』*という本のことが書いてある。そこで図書館に行って『生命の實相』を借りてきて読んでみた。もうそのころはだいぶ気持が楽になっていたが、まだモヤモヤした所が残っている。するとその本に、

『神の子・人間、本来病なし』

と書いてあったので、強く心を打たれ、とても救われる思いがした。

コトバの力

そもそもどんなお医者さんでも、「この難病は治らない」などと断定的なことを言うものではない。自分には治す方法が分からないということと、一生涯治らないなどと宣言するのとは大変違うのだ。前に述べた坂本竜馬でも、子供のころはダメな子供で、十二歳になるまで寝小便たれの鼻たれだったが、姉の乙女《おとめ》さんは彼の欠点をとがめず弟の美点をみとめ、母代りになって彼を訓練し、剣術を教え、たくましい少年に育ててしまったのである。勿論寝小便もいつしか消え去り、やがて江戸に上って千葉道場で北辰一刀流の名手になった。

さて真誇さんの話にもどると、「神の子・人間」というコトバを知った時、自分が今まで人を審いたり、周囲の人々に迷惑をかけたりしていたのは〝本当の私じゃない〟と気がついた。そして平成十二年十一月に病院に行って診てもらうと、四年間飲んでいたステロイドの薬はもう飲まなくてよいということになり、やがて病院にも行く必要がなくなったのである。

その間平成十二年の六月には、近所の木下さんに誘われ、白鳩会*の槙塚台《まきづかだい》第三母親教室*に行ってみた。最初のうちは行きたい気持と、こわさもあったので迷ったが、「木下さんを信じて行ってみよう」と思って参加した。するとその時の講師のお話を聞いてよく分かった。涙がとめどなく流れるほど感動した。しかも母親教室の皆さんが、とても明るく迎えて下さったので、再度行こうと思うようになったのである。以来西角さんは、「神の子・人間」の真理を知り、それを人さまにお伝えすることが嬉しく、たのしく、ありがたいと感ずるようになり、現在は教区白鳩会の支部長として活躍しておられるのである。

このように人は難病で「もう治らない」と言われるような苦しい立場に立たされても、それを足場にして、より一層高い境地に飛躍することができるものだ。その根本は人間は肉体ではなく、魂こそが「真性の人間」であり、「神の子」であり「仏さま」であるということの自覚になれるからであって、そうでないような何かの機械やマジナイやもろもろの誘惑などに従うことによってではないのである。

その正邪を分別する力は、すでに内在している神性・仏性の「真・善・美」によるのであるから、「そのままの心」になれば自然に分かるものだ。それは丁度小鳥が自然に自分の巣作りにふさわしい木に巣を作り、自分にふさわしい餌をついばむようなものだ。牛や馬が草をたべ、決して肉食をしないようなものである。ところが迷った人々は〝金もうけ〟のために、彼らに肉食（肉骨粉など）をさせて、早く肥らせようとする。そのような即物的な誘惑に乗らない気持がそのままということなのである。

ガンの数値

さらに又平成十三年十一月十一日に行われた松陰練成道場での「特別練成会」で、山下歳子さん（昭和二年三月生まれ）は、次のような体験を話して下さった。松陰練成道場は山口県の阿知須《あじす》町字大平山（小郡《おごおり》町の近く）にあるが、山下さんは島根県益田市遠田町に住んでおられる方だ。

歳子さんのご主人は隆夫《たかお》さんと言い、永年健康で働いておられた。ところが平成十二年の九月ごろから、夜間トイレに行く時間が頻繁になった。奥さんはそれを心配しておられたが、十月になると血尿が出た。血を見ると、上から出ても下から出ても、何となく怖いものである。驚いて早速益田市の日赤病院に行って診てもらうと、五八〇という〝癌の高い数値〟が出た。しかも骨にまで〝転移している〟と言われたのである。

「前立腺ガン」だ。びっくり仰天していると、「あと三ヵ月ですよ」とも言われた。これも前に述べた「もう治らない」と言う宣告と同じようなもので、何ヵ月もつかはあまり当てになる予言ではない。しかしこのような悲観的なコトバを聞くと、患者さんや家族は大打撃を受ける。〝名医〟はそういう断定はしないものである。

すると今度は逆にご主人が歳子さんたち家族のことを心配してくださって、こう言われた。

『自分は戦争で、弾丸の中を何度もくぐって来た。今生かさせて頂いているということは、非常にありがたいことだ。だからどんなことがあろうと、何を言われようとも、自分は驚かない』と。

これはすばらしい心境である。歳子さんも子供さんたちも感心した。歳子さんは昭和四十年四月から生長の家に入信しておられたので、以来「神様」に祈り続けることにした。

そして入院する前に、すぐ宇治の練成会に行こうと決意し、ご主人をさそうと、隆夫さんも行こうと言われ、十二月の十日から行くことに決めた。

ところが会社の方で、「急に休まれては後継者がいないので困る」というので、ドクターに相談した。すると、

『いいですよ、何でもして下さい。ご主人のしたいようにして下さい。家庭では、何でもして下さい』

とおっしゃった。あと三ヵ月のいのちだから、好きなようにさせたいというご愛念からであろう。そこで歳子さんはその時はひとりで宇治の練成会に行った。大変すばらしくて、「実相円満誦行*」の時には、病ナシ、迷いナシ、現象ナシの言葉が胸にしみる思いがした。

しかしこのコトバは現象にあらわれている病気や迷いが消えるということではない。「実相世界には、そんなものはナイ。完全円満であるのだ」という〝真実在〟を讃美するコトバなのである。

こうして練成を終えて帰宅すると、ご主人のガンの検査で、五八〇だった癌の数値が八〇に下がっていた。そこで家族はみんな泣いて喜んだ。健康体の数値は四くらいだという

から、大いに回復した証拠である。そこで歳子さんは、さらにご主人とぜひ練成会に同行したいと思った。隆夫さんは一月八日まで、すっかり元気になって働いておられたが、八日に退職し、一月十日にはご夫婦揃って練成会に参加した。

笑いと浄心行

さて宇治別格本山に来られた隆夫さんは、すばらしい所だと感心した。そして練成会の自己紹介のときこう言われた。

『自分は、病気を治そうと思って来たのではありません。自分を変えようと思って来たのです』

大声でそうおっしゃったので、歳子さんはびっくりした。そして「ワー、すばらしい主人だ！」と思った。多くの人は何かのオカゲを得たいとか、病気を治したいとか、この困難から何とか抜け出たい――と思うものだが、自己変革を求め、本当の「神の子の自覚」を得たい――と思って練成会に来る（しかも初めての）人は少ないからである。こうして夫の心は、奥さんの心の変化と共にいつしか変化し、向上し、「神の子・人間」の自覚に近づいてゆくものである。

ところが練成会では多くの場合「笑いの練習」というのがある。三日目の朝食の時、歳子さんにご主人はこう言われた。

『わしはおかしゅうもないのに、笑われん！』と。

歳子さんも、その通りだとは思った。しかし思わずこう答えたのである。

『おとうさん。鎧《よろい》もかぶとも脱いで下さい、重たいから。そしてバカになって下さい』

すると隆夫さんは、しばらく黙って聞いていた。これは誰でも普通の常識人では考えるところだ。おかしくもないのに、ワザと腹を抱えてワハハハと笑う練習をする。これをやるのは、イヤなものだが、しかし〝練習〟なのであって、いつもそれをやれというのではない。人は往々にして〝笑う〟ことを忘れている。これは男性に多いが、女性にもある。おかしくなった時だけ笑うとか、おあいそ笑いをするとか、それ以外では滅多に笑わないという人が沢山いる。

しかしこうして顔面筋肉が固定化すると、とても陰気くさい顔になり、「笑う門には福来る」という現象がなくなるのだ。これは身心の関連した現象であり、身体が逆に心を動かす原理でもある。だから〝練習〟としてやるのであって、何処でやってもよいという訳ではない。「心の法則」の一部分の実修で、医学的にも〝笑い〟の免疫力を高める効果は、最近非常に認められてきているのである。

しかしこれは「信仰」の根本問題という訳ではなく、一種の〝のど自慢〟的と考えてもよいだろう。ところが次に練成会の主要行事の一つとして、「浄心行」が始まった。自分の過去のいろいろな思いや行いを、善悪を問わず、くわしく紙に書いて、聖経を読誦しながら火中に燃やす行事である。

部屋の明かりはローソクだけで、あとは真っ暗になる。そして「おとうさん、ありがとうございます」「おかあさん、ありがとうございます」などと口々に感謝のコトバを唱えるのだが、その時歳子さんの目の裏には、夫のご両親の喜んでおられる姿が浮かんできた。ご主人も泣いておられた。多くの人々がそれぞれの思いで感動の涙を流されたのであった。

するとその翌日会場の外で山下さんご夫婦が出合ったとき、ご主人が奥さんに、

『あ、おはよう！』

といって握手を求めるのであった。そしてそのお顔は光り輝いていた。まるで生れ変ったような明るい表情だった。こうして最後は心から笑い合って、明るい温かい気持で練成を終り帰途についた。

さて帰宅してからの病院での検査では、〝癌の数値〟なるものが、二五になり、さらに十七となり、十一・六になり、九月になると三・三に下がり、十月には〇・六に下がり、病院の医師の方々も驚くくらいの全快ぶりであったということである。

このような体験も、永い人生の中では「陰極が陽転する」という意味において、決してムダなことではなかったという実例であろう。現在山下歳子さんは教区内で地方講師としても大活躍をしておられるのである。

＊団体参拝練成会＝各教区ごとにまとまり、総本山に団体で参拝し受ける練成会。
＊『白鳩』誌＝生長の家の女性向けの月刊誌。
＊『生命の實相』＝谷口雅春著。生長の家の聖典。頭注版・全四十巻、愛蔵版・全二十巻。昭和七年発刊以来累計一千九百万部を数え、無数の人々に生きる喜びと希望とを与え続けている。（日本教文社刊）
＊白鳩会＝生長の家の女性のための組織。全国津々浦々で集会が持たれている。
＊母親教室＝生長の家白鳩会が、全国各地で開いている、母親のための真理の勉強会。

74★

＊「実相円満誦行」＝瞑目合掌して「実相円満完全」と繰り返し誦える生長の家の行法の一つ。

2 大道を行け

専門家

最近は情報化社会と言われて、各種各様の情報が乱れ飛んでいるようだ。しかしその中にはいいかげんな情報もあるし、間違った情報もある。〝専門家の意見〟だと言われても、必ずしも正確とは言い難い。というのは、専門家の中には、専門の分野ばかりを見て、それ以外の分野に充分思考が及ばない人もいるし、その専門家が本当の専門家でなく、急ごしらえの〝準専門家〟である場合もあるからだ。

例えば平成十一年十月四日の『産経新聞』にも、次のような橋爪瞳さん（39）（奈良県大和郡山市）の投書がのっていた。

『本紙朝刊奈良版で「万年筆ドクターが無料診断」という小さな記事を読み、机の中の万年筆を思い出しました。

娘時代から使っていた海外ブランドものですが、書けなくなっていたので、二、三年前、デパートの万年筆売り場に持っていき修理に出しました。

一カ月以上もたって「修理はもう無理です、どうしてもとなれば新品との入れ替えのため、新しく買うほどの金額になります」との返事。あきらめて修理せずにいたのです。

「だめでもともと」と、さっそく新聞に載っていたお店にでかけました。するとその万年筆ドクターは一目見て「すぐになおりますよ」と、私の目の前でほんの数分で直してくれたのです。

信じられないほどうれしく、何度もお礼を言って帰りました。もちろん、無料です。帰り際に「まだ三十年は十分に使えます、大事に使ってください」とのこと。

「もう、直りません」と言ったあのデパートの売り場の人の言葉は一体、何だったのでしょうか。（主婦）』

ここには二人以上の〝専門家〟が登場するが、デパートから出した（多分）メーカー側の専門家は、修理はもう無理という判断で「新品を買うほどの金額になる」といわれた。しかし後で出した万年筆ドクターはすぐ修理してくれて、お礼も取らず、もう三十年もつから、大事に使いなさいと助言してくれたというから、大変良心的であり、これこそ〝本当の専門家〟と言えそうである。つまり一口に〝専門家〟といっても、良心的な人と、そうでない大雑把な人とは、まるで正反対な判断を下すということがある。

価値あるものを

かつてずっと昔買った一眼レフの三十五ミリカメラの望遠レンズ（百三十五ミリ）で、こんなことがあった。このメーカーは日本でも有名な会社だが、永年使っているうちに、あるとき中の部品の一部がとれてしまった。家内が撮影中にレンズがボディーから外れなくなり、私が力を入れてレンズをねじって外したところ、レンズの内部から金属製の金具二個が落ちて来た。後日それを持って家内がそのメーカーのサービス・ステーションに行っ

て、見せたところ、

「これは古いもので、もう部品がないから、修理できません。いくらかで引き取りますから、新しい製品のレンズをお買い下さい」

とすすめられ、家内はそのままその部品と古いレンズ本体とを持って帰宅した。そこで私はどうしたものかと考えて、つらつらこの百三十五ミリレンズをながめたが、何となく、そのまま使えそうに思えるのだ。脱落した部品はなくてもよいのではないかと思った。そこで要心して、ためしに使ってみようと思い、家内が使ってみたところ、何も変わらずちゃんと写ったのである。では一体何のための部品だったか、という疑問がわくが、メーカー側の良心を信ずるなら、もっとカコクな条件で使うとき、光線洩《も》れや、ほこりの侵入をふせぐための保護ワクのようなものだったのかも知れない。

しかしそれならそれとよく説明してくれたら、本当の専門家らしいと言えるのだが、「買いかえなさい、部品がないから修理できません」だけの説明では、〝商売型専門家〟となってしまい、あまり良心的とは言えないようである。

先に紹介した万年筆修理屋さんのように、たとえ店は小さくても、「まだ三十年はもちます、大事に使って下さい」というくらいの良心が、今の日本社会には必要であろうと思う。新品を売るよりは、信用や良心を売る方が、ずっと文化的であり、ひいては日本国の国際的信用をたかめ上げ、長期的には貿易拡大にもつながると思われるからである。

青年諸君はとかく新しいものやコトバ遣いに流行を感じ、そればかりに関心を持つかも知れないが、古いものにも良いものが沢山ある。何故なら、「良いものは長持ちする」からであり、「真理」は永遠なものだからである。「不滅なるもの」にこそ真の価値があり、真のいのちも不滅だからこそ尊重されるのだ。すぐ消えてなくなるものなど、あまり価値はないだろう。もしあなたが買って帰った品物が、ふたをあけると消えてしまったのでは、価値ナシ、シマッタというだけのことだ。

それ故「国宝」と言われるものや、世界的文化遺産と称せられるものは、古いものである。新品の国宝などは、あまり見当らない。それ故流行に追随して、ニセモノの追求にエネルギーをふりしぼるより、しっかりした天下の大道に従い、「真実の信仰や思想」を求めることがとても大切なのである。

「宗教は若者にはむかないよ」

などという何の理論的根拠もない風評にまどわされず、つねに「不滅なるもの」を求め、完全円満なる「神の国」の実在を信じ、その信仰を新品のニセモノと交換しないことをおすすめする次第だ。

何事によらず訓練や学習は若年からするのが効果的だ。この点はいくら強調しても強調しすぎることはないから、神仏に対する信仰でも、学習でも、訓練でも、幼いころからやり始めるのがよい。従って「宗教は老年から」などという迷信に惑わされず、いいかげんな風評に左右されることなく、生長の家の「神の子・人間」の純粋信仰にこぞって参加して頂きたい。そうすれば、どのような専門職に従事しておられようと、必ず有意義な人生を送られるに違いないのである。

約束違反

北海道の函館市乃木町《のぎまち》という所に成田節子さんという女性（昭和三十五年一月生まれ）が住んでおられるが、平成十一年十月十七日の総本山での団体参拝練成会で、次のような体験を話して下さった。最近は職業を持つ女性がふえて来たが、彼女もその中の一人だ。

節子さんが生長の家にふれたのは、お父さんの成田恭太郎さん、当時八十三歳が熱心な生長の家の信仰者だったからである。そこで平成七年度の講習会*に彼女を連れて行ってくれた。その時の副総裁*のお話が大変すばらしかったので、彼女は直ちに聖使命会*に入った。けれどもそのころはまだ教区の白鳩会の大会や講習会に参加するくらいで、熱心に信仰し伝道するまでには到っていなかった。

それは当然のことで、仏教でも「声聞《しょうもん》・縁覚《えんがく》・菩薩・仏」と、一応四段階の信仰の境地が教えられているようなもので、伝道というと菩薩の行《ぎょう》とされているから上級生である。ところが平成十年になって、今まで経験したことがないような金銭問題が発生した。けれども彼女はまだ充分「神の子・人間・無限力」を体得していなかったので、この問題で悩み苦しみ、食べられず眠れず、悲観的なことばかりを考えて、暗い毎日を送っていたのであった。

この金銭問題というのは、結婚する予定で家を建てたのだが、その結婚が破談となり、相手方が支払う予定だった建物代の何百万円かが支払えなくなったからで、単に金銭だけの問題ではなかったようである。しかし彼女は多くの人々に助けられて、やっと金銭問題は解決したが、関係した人を恨んで、暗い毎日をすごしていた。

人は誰かにだまされたり、裏切られたり、そうでなくても被害者となったりすると、相手を恨むようになりやすい。しかしこのような時こそ「人を恨まず、憎まず、かえって相手の幸福を祈ってあげる」くらいの心になると、相手はともかくとして、先ず自分が悩み苦しみから解放され、自由自在の明るい心境に入ることができるのである。

同じころ総本山の全国青年練成会で話して下さった成島《なるしま》勇次さん（山梨県須玉町在住・昭和四十年七月生まれ）も、二十六歳ごろ結婚を前提にしてつき合っていた女性にたのまれ、大金を工面して用立てたところ、その金を持って消息を断ち、いまだに行方不明だといって、しばらく恨んだという話をされたことがある。彼の詳しい人生記録は、平成十一年の八月号の「理想世界」誌*に記されているから、ここでは以下省略する。

心の転換

人はとかくこのように金銭問題と結婚とがからみ合い、だまされたとなると、しばしば相手を恨むものだ。しかしこんな時は、その失敗を教訓として、人の口車に乗ったり、大金を貸したり、保証人になったりするようなことをしないようにして、人それぞれの個性や能力は尊重するが、それにしばられて、身動きも出来ぬようになるのは、真の愛情でも知恵でもないと知ることが大切である。生長の家では、『大調和の神示』*の中に記されているように、「天地万物に感謝せよ」と言われ、

『天地の万物《すべてのもの》に感謝せよ。その感謝の念の中《うち》にこそ汝《なんじ》はわが姿を見、わが救《すくい》を受けるであろう。われは全ての総《すべ》てであるからすべてと和解したものの中にのみわれはいる』

とある。但し自分をあざむいた者を除くとか、但し医者を除くとか、悪口を言う者を除くとも書かれていないのだ。例外なく全てのものを感謝し、祝福するのである。あざむいたり、だましたりする者の方が、「因果の法則」により、不幸になる原因の種子を播いたことになるから、本当は可哀そうな人なのだ。だから彼らを、どうか幸せになってくれ、と願っても、すこしも不自然ではないのである。

さて成田節子さんは、しばらくの間暗い毎日を送っていたが、平成十年に父につれられ

て、二人で講習会に参加した。するとその講話がビンビンと彼女の中に入って来た。なるほどと思ったが、暗いどん底の気持でいたので、まだ教化部には行けなかった。すると十一月になってから、

「講演会があるから、いかがですか」

とさそわれた。そこで節子さんは藁《わら》にもすがるような思いで教化部に行って講話をきいた。すると「人間は神の子で、すばらしいものですよ。人や物や事に感謝しなさい」とか、「環境は心の影で、あなたの心で思っていることが、現象界に現れるんですよ」という話だった。それを聞いて彼女は涙を流し続けたのである。

それ以来節子さんは生長の家の生活を始めた。彼女はそれまでもある店でチーフ・マネージャー（チーフ・ママ）として働いていたが、平成十一年の四月になると、生長の家の「栄える会」で事務局次長を拝命し、五月には東京での全国大会にも参加した。

彼女がこうして色々の行事に加わっているうちに、神想観をし、聖経読誦と先祖供養を行うのは勿論だが、その他「自分が変われば、絶対に世界が変わる」というコトバの力を活用しはじめた。しかもコトバの三要素、発声音と表情と思念とが大切だと知らされ、コ

トバを明るくすることを心掛けた。つまり、良いコトバを使い、いつも笑顔で、悪いことを思わない――を徹底的に実行したのである。

厳正とジョーク

するとどんどん周囲と調和してきて、人々がとてもよくして下さるようになった。お店の方も大変いそがしくなった。彼女は五番目の女の子として生まれ、物事がキチンとしていないと気がすまない性格だった。だから今まではよく人を審《さば》いたりせめたりしていた。しかし信仰が深まってからは、人のよい所を見て、ほめることが出来るようになり、人の立場に立って物事を考えることができるようになったのである。

そして「当り前」ということが何とすばらしいかが分かるようになった。人はとかく信仰すると「奇蹟」が起るというが、「当り前」が奇蹟以上にすばらしい。奇蹟的に病気（難病）が治ったといっても、毎日あたり前に健康ですごすぐらいありがたいことはない。人の幸福感は、まさに「当り前の喜び」を見出すことができるかどうかにかかっていると言っても過言ではないだろう。現在彼女は結婚されて牧野節子さんとなり、函館教区「栄える会」の副会頭及び白鳩会の支部長として活躍しておられる。

例えば平井吉夫さんの編さんされた『スターリン・ジョーク』という本（河出書房新社刊）にはこんなジョークがのせられていた。〝至福〟という小見出しだ。（四三頁）

《アメリカ人とフランス人とロシア人が幸福について語り合っている。

アメリカ人が言う。

「私は破産寸前だった。株式市場は今世紀最低に落ちこんでいた。突然、仲買人から電話がかかってきた。私は一夜のうちに百万ドルもうけていたんだ。これが私の最大の幸福の瞬間だったね」

フランス人。

「ぼくは何ヵ月もふられつづけていた。ところが、ある日、彼女は願いを受け入れて、ぼくのものになったんだ。これが、ぼくの最大の幸福だったね」

ロシア人。

「午前五時。だれかがドアをノックする。私はまっ青になって震えていたが、どうしようもない。とうとうドアを開く。外には三人のＧＰＵが立っている。

『きみはステパン・グレゴリオビッチ・チュイコフだね？』

『いいえ、その人なら一階上に住んでます』

この時が、わが生涯でいちばん幸福なときだったなあ」》

このロシア人は当り前に拘束されなかったから至福を感じたのだ。別に特定のアメリカ人とフランス人とロシア人をさしている話ではなく、これらの国の人々が全てそうだというのでもない。ジョークというものは、ゆとりのある幅の広い表現だ。全ての専門家にもこのような「広い心」が必要であり、狭い視野で世の中を見てはいけないのである。平成十一年十一月七日の『読売新聞』の〝編集手帳〟にはこんな一文ものせられていた。

『神奈川県警の不祥事が展開した週末、たまたま来日中の米連邦捜査局、ＦＢＩ長官の記者会見があった。日本の薬物問題について聞かれて、こう答えている。「まだ日本がうらやましい」◆「アメリカは犯罪や中毒が深刻。日本がアメリカのようにならないよう願っている」とも。覚せい剤の検挙者が年間二万人に上り、警察官も汚染していると知っての発言だろうか。外交辞令かも知れない（中略）』

警察官という専門家も、厳正で正直な心と、明るい広々とした心とを合わせ持ってもらいたいものだ。さらにこの〝編集手帳〟の続きはこう結んであった。

『◆家人が二年前に盗まれた自転車がこの夏出てきた。自宅から十キロ以上離れた町の外勤のお巡りさんが見つけ、防犯登録はしていなかったのに、八方手を尽くして持ち主を突き止めてくれた◆自転車はすっかりさびついていたが、返還書類の不備でわざわざ我が家を訪ねてくれたお巡りさんの顔は、輝いていた。確かにまだ日本がまし、と思いたい。』

＊講習会＝生長の家総裁、副総裁が直接指導する「生長の家講習会」のこと。現在は、谷口雅宣生長の家総裁、谷口純子白鳩会総裁が直接指導に当たっている。

＊副総裁＝生長の家副総裁、谷口雅宣先生。（平成十一年当時）

＊聖使命会＝生長の家の運動に共鳴して、月々一定額の献資をする人々の集まり。

＊「理想世界」誌＝生長の家の青年向け月刊誌。（現在は生長の家の生き方マガジンとして「日時計24」が毎月発行されている。）

＊『大調和の神示』＝生長の家創始者・谷口雅春大聖師が昭和六年に霊感を得て書かれた言葉で、この神示の全文は『甘露の法雨』『生命の實相』（第1巻）『新編　聖光録』『御守護　神示集』等に収録されている。（いずれも日本教文社刊）

愛読者カード

今後の参考にさせていただきます。本書のご感想・ご意見をお寄せ下さい。
お待ち致しております。

◇今回ご購入された図書名

◇ご購入の動機

1. 書店で見て
2. インターネットやケータイサイトで
3. 日本教文社の案内を見て
4. 日本教文社の月刊誌を見て
5. 新聞広告を見て(紙名　　　　　　　　)
6. 人に勧められて
7. プレゼントされた
8. その他(　　　　　　　　　　)

◇ご感想・ご意見

*いただいたご感想を小社ホームページ等に掲載してもよろしいですか?
□はい　□匿名またはペンネームならよい(　　　　　　)　□いいえ

◇今後お読みになりたいと思う本の企画

◇小社愛読者カードをお送り下さるのは今回が始めてですか。

□はい　□いいえ(　　回め)

◆ご注文カード◆

書　名	著者名	定価	冊数

*ご注文は郵便、お電話、FAX、e-mail、ホームページにて承ります。
*国内送料:一件1500円以上=送料無料、1500円未満=送料210円

日本教文社
TEL03-3401-9112　FAX03-3401-9139
http://www.kyobunsha.jp

*アンケートはPCやケータイ、スマートフォンからも送ることが可能です。

郵便はがき

料金受取人払郵便

赤坂局
承認
5881

差出有効期間
2015年4月
9日まで

107-8780

235

東京都港区赤坂
9−6−44

日本教文社

愛読者カード係行

ご購読ありがとうございます。本欄は、新刊やおすすめ情報等のご案内の資料とさせていただきます。ご記入の上、投函下さい。

(フリガナ)

お名前

男・女／年齢　　歳

ご住所　〒

都道府県　　市区町村

電話　(　　)　　e-mail　　@

ご職業・在校名　　ご購読新聞・雑誌名

下記の弊社刊の月刊誌を購読されていますか。

□いのちの環　□白鳩　□日時計24

(見本誌〈無料〉のご希望　□いのちの環　□白鳩　□日時計24)

下記のものは無料でご案内致します。

新刊案内のご希望　□ある□ない　おすすめ情報の案内のご希望　□ある□ない

図書目録のご希望　□ある□ない　メルマガの購読のご希望　□ある□ない

3　遊《ゆ》戯《げ》三《ざん》昧《まい》の生死

生と死について

ちかごろは〝少子化現象〟といって、女性が一生のうちで子供を生む数が減っている。すると人口が次第に減少して来て、青年たちが沢山の老人を支えて生活して行くという現象があらわれてくる。こうしてその国の人口の減少する傾向は、色いろの困難をもたらし、ひいては経済力の減退と、国力の衰退を引き起すことになるのである。

「創世記」というユダヤ教やキリスト教の原典によると、その第一章に、

『神云《いい》たまいけるは水には生物饒《いきものさわ》に生《しょう》じ鳥は天の穹蒼《おおぞら》の面《おもて》に地《ち》の上に飛《とぶ》べしと　神巨《おおい》な

る魚《うお》と水に饒《さわ》に生じて動く諸《すべて》の生物《いきもの》を其類《そのるい》に従いて創造《つく》り又羽翼《つばさ》ある諸《すべて》の鳥を其類《そのるい》に従いて創造《つく》りたまえり神之《これ》を善《よし》と観《み》たまえり　神之《これ》を祝《しゅく》して曰《いわ》く生よ繁《うめ》息《ふえ》よ海の水に充牣《みて》よ又禽鳥《とり》は地に蕃息《ふえ》よと』

と記されている。つまり神の御心《みこころ》というべきものは、全ての生物（人間を含む）がふえることであって、次第に減少して行くことではないと明示してある所だ。しかしこれは「神の国」という実相であるから、現象界という仮相《かそう》においては、必ずしもそうではなく、生もあれば死もあるし、増加もあれば、減少もありうる。従って、青少年といえども、いつかは死を迎える。だがとかく青少年たちは、さしあたり「死」のことなどは考えず、生きるのが当り前と思いこみ、宗教などは老人や弱者の心配事と思い違えるが、これは大変な錯覚である。

何故なら人間の肉体は必ずいつか死ぬし、こうして灰やガス体になって宇宙の元素に復帰する。その時今までの「あなた」はどうなるのか。無になったか、灰になったのか。一体何のための一生であったのか。あなたの経験は消え去ったのかと、あなた自身の存在価値が問われるであろう。つまり生きて来た値打ちがなくなるのである。

しかし正しい宗教では、「生死一如《しょうじいちにょ》」を説くのであって、生も死も「一如」である、同じ次元にあるところの仮相であるが、本当の世界（実相）は生死を超えているということであり、不生不死《ふしょうふし》、本来「生」、の世界が実在（実相）だと言うのである。

何を予約するか

つまり本当の人間は死なないのであって、ただ肉体のような物質的道具は滅んで行く。それは丁度自動車や自転車と同じで、古くなると故障が起って使い物にならなくなるようなものだ。肉体という道具は、ある時期が来ると、別の肉体、又は肉体のようなもの（霊体や幽体）に取りかえていくのであって、その変化の時を「死」と呼ぶのだ。そこで地上生活からは「死」であっても、次の人生（次生）からは「生」であり、この生死の入れかわりはその後もずっと続いて、現象界（仮の世）を表現し続けていくのである。

それは丁度電磁波動が波の如く展開して行くのにも似ている。波は一回や二回で終りになるのではない。丁度一日のうちに朝があり、昼があり、夜があって、又朝（翌日）が訪れるような波動現象が繰り返される。しかもこの繰り返しがあるから、今力一杯の仕事をしたり、学習したりすると、それが明日の人生にもプラスになるが、今日一日をノラクラと暮らし、懶《なま》け怠《おこた》っていると、明日の人生もその続きであまりパッとしない日々をすごす。次第に成績や業績が悪化して、やがて彼（又は彼女）の人生が転落するような現象と、きわめて似ているのである。

そこで人は死ぬ時だけ楽に死のうと思っても、そうはいかない。よく生きることが、よく死ぬことにもつながるし、〝安楽死〟は、〝安楽生《しょう》〟を生き抜くことによって得られると言えるのである。

しかも〝安楽生〟とはノラクラと懶けて生きることではない。力一杯、たのしく明るく生きることだ。懶けていて楽しいということはありえない。それは学校の授業を懶けていて、楽しかったということはないし、一日中眠っていて楽しくはないのでも明らかだろう。人は何かに〝熱中している時〟が楽しいのである。子供が遊びに熱中していると、時間がたつのも忘れ、メシを食べるのも忘れてしまう。そのように青少年はもちろん大人も、楽しくくらすには、熱中することが何より大切である。一日中熱中することは難しいから、時々休むのもよい。しかし休むのは懶けるのとは違う。正式の休暇にゆっくり休むのはよいが、ズル休みをして懶けるのでは、本当の休みにはならず、心の重荷になるだけである。

さらに又、何に熱中するかが大問題だ。人のためになる事に熱中するか、それとも人の迷惑になることに熱中するかで、非常にちがった結果が出る。近ごろはヴォランティアで、世の中のためになることをしようという人々もふえて来たが、こういう人や正しい伝道者は「善」をやろうとしているから、善果が現れて来るが、他人の家にしのび込むために「カギを壊す」ことに熱中したり、ニセ札《さつ》作りに熱中しているような「ひとの迷惑」になることにせいを出すのでは、必ず悪い結果を招来する。

これは「心の法則」あるいは「業の法則」と呼ばれる「法則」だから、その結果は必ず訪れる。つまり悪いことをしたり、嘘をついたり、人の心を惑わす文章や小説などで〝失楽園〟的行為をそそのかす者は、やがて「不幸になる未来」を予約している気の毒な人々なのである。

小さな善いこと

ところが「善い事に熱中せよ」というと、それは大変難しいと思う人もいるに違いない。しかし最初は難しいことをやらなくてもよいのであって、やさしくて、たのしくて、ちょっとの間でもできる事をやればよい。しかも日常茶飯事でよいのだ。かつて松下政経塾というのを、故松下幸之助氏が作っておられたが、そこで行われた最初の講座で、松下塾長は、「立派な指導者になるためには、朝早く起きて、身の回りを掃除すること」を教えたと、当時の副塾長だった上甲晃《じょうこうあきら》さんが話しておられた（ＮＨＫ第一放送）。この話は平成八年末の機関誌*で紹介したが、その時大半の塾生たちは掃除する意味が分からなかった。指導者になることと、掃除をすることが、どうしても結びつかないのだ。彼らはもっと大いなる目的をもってリーダー的生活をしなければならない、そのための塾生活だ――とばかり考えていたからである。しかし小さな善行ができない者に、大きな善行ができる道理はない。近ごろの青年たちはよく街路や石段の上に腰かけて、何か飲んだり食ったりする。しかもそのカスや空きカンをそこらあたりに投げ捨てたまま立ち去るのをよく見かける。これでは近所の住人にあと始末の掃除を押しつけて、自分達はサッサと別の目的（偉大か卑小か）のために立ち去る独善行為である。

これでは彼らは小さな善も行わず、不善の実行者であり、人々のためにならぬ行為を日々積み重ねることになるだろう。

しかしながら大いなる、そして又楽しい仕事をし、愉快な人生を送るためには、先ず身近なところを掃除したり、清めたりする必要がある。それを教えていない親や教師たちは、いくら勉強や入学試験を押しつけてみても、ろくな人物は育たない。自分たちの都合だけを考えて、他の人々のことを考えもしないから、いくら「国民のために」などと口走っても、それはウソいつわりの人生なのである。形式だけを整える偽善者だ。

かつて私は雨の日に傘をさして原宿の街を歩いていた時、いつものように道路わきに置いてある自動販売機の側を通過した。するとその傍《かたわ》らにあった「空きカン入れ」の丸い孔《あな》の中に、ぶ厚いマンガ雑誌が押し込んであった。これではもう空きカンが入らない。そこで片手でこの雑誌を引き抜こうとしたが、孔の大きさにキッチリとはまり込んでいるので、中々取りされない。だから傘を手放して、両手と足を使って、やっとマンガ雑誌を引き出した。それをしばらく持ち歩いて、適当な屑入れの中に捨てたのだ。

マンガ本だから、どこへ捨ててもよい訳ではない。こういう捨て方をする人は、どんなに高級な本を読んで勉強したとしても、何一つ身につかないだろう。安い弁当のくずだから、石段の上に置いておいてもよい訳ではない。ちょっと持って歩けば、捨てるにふさわしい屑箱はどこにでもある。さらに又私が歩いて行くと、ある自動車駐車場にはタバコの吸い屑が一杯捨ててあった。自動車の中の灰皿から捨てたものらしい。自分の自動車の中に置いて持ち帰るだけのガソリンがなかったのだろうか？　ガソリンはあっても、愛他心がなかった。自分で飲んだカンカラをふみつけて、カンカラ入れの孔にネジ込んでいた人もいる。するともうカンカラはそれ以上入らない。それでも知らん顔だが、この種族も不幸になる小悪業の連続行為者であり、将来きっと〝大収穫〟を得る日を迎えることであろう。

自分で選んだ人生か

同じくＮＨＫの「人生読本」（平成九年五月六日放送）で、盛永宗興《もりながそうこう》さんという禅宗の老師が話しておられたことがある。この老師は坐禅の会で多くの青年たちを指導して来られたらしい。その間度々彼らに「今なすべきことを一所懸命やれ」という話をしたところ、ある青年がお茶を立てて持って来て、（彼がその日その役目だった）「質問してもよいですか」と聞く。何事かとうながすと、自分は「今せんならんことというのが分からない」というのである。「私は今大学へ行って勉強していますから、多分今せんならんこととは勉強だろうと思うんですが、そういう理解でよろしゅうございますか」ときくのであった。

そこで老師は彼を怒鳴りつけた。

「お前、今何をしてるんだ。お茶を立ててるんだろう。それを一所懸命するんだ」

と教えたという。つまりこの青年は今やるべきことが何かがさっぱり分かっていない。「学生は勉強が第一」と思い込んでいる。それと今命ぜられて「茶を立てること」とは別だと錯覚しているのだ。茶を立てて老師にもって行くような下らんことは「なすべき事」の中に入らないという、とんでもない錯覚があったのだろう。

「何故分からないか。永い間物の価値判断をし、選別し、えらんで生きるくせがついていているからである」

と盛永老師は説いておられた。自分にとって役立つ勉強や練習だけをやろうと考えている。食物でも、自分の好みに合うものだけを「選んで食べよう」と思い、それ以外を捨ててしまう。選《え》りごのみの人生を送る練習を続けている。従って友達でも、自分の好きな人だけを選び出し、あとは排斥したり、いじめたりするのだ。しかし、人間は自分が好んで、選んでこの肉体を持ち、父母を選んだのじゃないだろう、与えられたのだよと老師は続けるのであった。

しかしある意味からは、自分のなし続けてきた業が、必然的に今の父母を選び、国籍を選び、そして父母と似た遺伝子という設計図によって今の肉体を選んだのだ。この業が善業であれば善き運命や国柄が選べるが、悪業であればそれにふさわしい所へ下生《げしょう》する。それは偶然の運命でも何でもない。過去の自分が日々少しずつ行って来た身・口・意の三業が、そうした今生《こんじょう》の場所や肉体を選んでいることを知らなくてはならないのである。

禅寺へ行って坐禅をするのでも、生長の家の練成道場へ行って練成を受けるのでも、それは偶然与えられたのではなく、自分で「行こう」と思って行くのだから、選んだことになる。与えられることと、選ぶこととは〝正反対〟ではない点に注目しなければならない。しかも吾々は自分の過去世《かこぜ》が分からないままでいる。するとその過去を知りたいと思う人がいて、誰か超能力者や神憑《かみがか》りのコトバや行動を信じ、それを人々に言い伝えるが、これは「神の子・人間・不死不滅」の信仰から外れた、超能力者（と称する人）を信じ、その人のいう「過去世でのお前は〇〇であった」という言葉を信じただけの話である。

そんな前世物語りは、何の信仰の証拠にもならないことであり、ただ奇異や異状を信じ、自己の感覚的現象にまどわされただけの話である。

あたり前をたのしむ

しかし生長の家の信仰は、『自然流通の神示』*（昭和八年一月二十五日）にある如く、『「生長の家」は奇蹟を見せるところではない。「生長の家」は奇蹟を無くするところである。人間が健康になるのが何が奇蹟であるか。人間は本来健康なのであるから、健康になるのは自然であって奇蹟ではない。「生長の家」はすべての者に真理を悟らしめ、異常現象

め、当り前のままで其《そ》の儘《まま》で喜べる人間にならしめる処《ところ》である。あらゆる人間の不幸は、当り前で喜べない為に起るものであることを知れ。』

とあることを確認しなくてはならない。だから当り前に生活することを「喜ぶ」のである。そして楽しむのだ。当り前に、花が咲いたらそれを見て人々は「美しい」とさんたんし、喜ぶだろう。カンカラ一つを拾ったら、「これで日本は（この町は）一つきれいになった」と喜べばよいのである。ところがカンカラを一つ投げ捨てたら、その町は、そして日本国土はそれだけ汚れたことになる。だから、一つでも、二つでも拾う。それができないのは、体裁ぶって、「大きな仕事でないと恥ずかしい」などと思い上がるからだ。それを当り前と思う人は、やはり見えや体裁に引っかかり、常識に従うのを善いと心得ているだけのことである。だからテレビの中でウソをつく人々が沢山出て来ると、自分もウソをつくマネをする。それが相手をよろこばしたり安心させるという言い訳をしたりして、自己をすらごまかすのである。

しかしどの宗教にウソをすすめ、ウソを美化している教えがあるか。もしあったら、それはニセモノだ。神や仏がウソをつくと思いちがえているからである。神や仏はそうであっても、人間は神仏とちがうから仕方ない――そう言うのが今までの通俗の信仰だった。キリストや釈迦だけが選別された神の子や仏であって、吾々人間は罪人だ――というこの既成的信仰を根本的に打ち破り、「神の子・人間・不生不死・生不滅」をそのまま信じて、当り前に喜び、楽しみ、遊戯三昧《ゆげざんまい》の生活をするのが「生長の家」である。

それは決してむつかしいことではない。今・此処を生き、この身このまま神の子を信じ、神のみ心を生き、今やるべきことを、今やりましょうという「そのままの生活」に徹するのが「生長の家」である。だから聖経を読むのでも、そのまままっすぐに読めばよいのであって、変わった読み方をする必要はない。どこかの本にキセキ的なことが書いてあったとしても、それを信ずるか信じないかが問題だ。「生長の家」の聖経をそのままの心で読もう、毎日「神想観」をしよう、それが当り前だと知ることが大切である。

世の中には色々な教えや説教者がいる。私は先ほど盛永老師の話をあげたし、松下氏の例ものべた。しかしだからといって、これらの先覚者の一言一句《いちごんいっく》が全て正しいなどと言っているのではない。文章や教えは、拡大解釈も具合がわるいが、縮小解釈や逆転解釈も困ったものである。素直に、そのままを行じ、そこに遊戯三昧を行じようとするのが生長の家のたのしく明るい生活なのである。

＊ 機関誌＝生長の家の会員向け月刊誌。「生長の家相愛会」「生長の家白鳩会」「生長の家青年会」の三誌がある。また、この機関誌で紹介された話は、『幸運の扉をひらく』（三〇～三二頁）に収録されている。（日本教文社刊）

＊『自然流通の神示』＝谷口雅春大聖師が昭和八年に霊感を得て書かれた言葉で、この神示の全文は『新編　聖光録』『御守護　神示集』に収録されている。（いずれも日本教文社刊）

Ⅲ　天性の花を咲かそう

1　豊かな悦びの果実

無限力について

一九五二年度にノーベル平和賞をもらったシュヴァイツァーは、当時有名だったが、現代の若者たちの中には知らない人もいるだろう。同博士をけなす人もいて、毀誉褒貶《きよほうへん》さまざまだが、すばらしい能力を発揮した人であることに間違いはない。どんな有名人であろうと、又無名の人であったとしても、現象界に「完全人間」などは見出せない。しかし人間は本来「神の子」であり、「仏」であることに間違いはないのである。

何故なら、人間の「神性・仏性」は、実相世界（実在界）のことであって、その一部が表現されているのが「現象界」（この世）だからである。つまり完全無欠は、この表現作業の所で省略されてしまう。丁度人物や風景の写真を撮っても、その人の全てが写されるのではなく、肉体のごく一部分が平面的に写されて、その人の心や思想や好みなどは省略されてしまうようなものである。美しいリンゴを写しとっても、その味や匂いは省略される。こうして「現象界」という現実世界には、神の子・人間の無限力や完全さを、全ては現し出すわけにゆかないからである。

しかし人間は本来無限力の持主で、「神性・仏性」そのものだということは、どうしても真実であると言える。それは人々全てが「理想」を求め「完全さ」を追求するからだ。たとえ死亡したとしても、その人のいのちがどこかで生きておられると思って、お墓をたててお祀りしたり、祈ったりするだろう。唯物論者であっても、手を合わせて参拝したり、「祈ります」などという人もいる。そして理想や完全さを求めようとするのも、信仰者や理想家と共通しているのだ。何しろ人間が「神」や「仏」を〝考えだした〟というところが、こちら側に（人間に）その本性がある証拠であって、こちらがスッカラカンでは、向こうに何かを見つけ出すことは出来ないようなものである。

そこでシュヴァイツァー博士の話にもどるが、この人は実に多くの能力を発揮した点で、特別すぐれた業績を残したから、しばらくその経過を辿ってみたいと思う。

信仰や家系など

アルベルト・シュヴァイツァー（Albert Schweitzer）はその「自伝」『シュヴァイツァー著作集』第二巻・竹山道雄訳（白水社発行）の中で、

『私は一八七五年一月十四日に上エルザスのカイザースベルクに生れた。この旧教地方における小さな新教徒団体所属の代理牧師、ルートヴィヒ・シュヴァイツァーの第二子である。父方の祖父は下エルザスのプファッフェンホーフェンの学校教師にしてかつパイプオルガン弾きであった。そして彼の兄弟の三人までがこの職を奉じた。母の名はアデーレ、生家はシリンガーといい、上エルザス、ミュンスタータールのミュールバッハの牧師の娘であった』（同書十一頁）

と書いている。いずれもドイツ国内の地名だ。父は一九二五年、母は一九一六年に死亡された。彼は五歳のときから父に教えられて古いピアノを習い始めた。七歳のとき、自作の和声をつけた聖歌をオルガンで演奏し、八歳のとき、ペダルに足がとどかないのにパイプオルガンを習い始めたというから、家系の宗教心と音楽好きとを発揮し出したことになる。パイプオルガンも祖父がその演奏と製作に熱中した人だったというから、彼は「この祖父からパイプオルガンへの熱情をうけ継いだ」と述べている。

人間には無限能力が隠されている。しかしその能力は一時に全てが出てくるのではなく、幼いころの訓練や、家庭の躾や風習などから次第に現れてくるものだ。それはどんな職業でも趣味でも同じだから、世襲の仕事についても何ら恥じることはなく、つかなくても新しい能力を開発することができる所がすばらしい。こうしてシュヴァイツァーは九歳のとき、教会での礼拝のパイプオルガンの代奏をつとめることになったのである。

やがてミュンスターの実科中学校に入り、個人教授でラテン語を学び、文化中学（ギムナジウム）に入学することができた。しかし最初は「出来の悪い生徒だった」というから、天才も偉人も、学校時代の成績で決まるものではない。〃頭が悪い〃というのはウソで、ただ試験にうまく答えられなかったというだけのことだから、自分で自分の才能を見限ったりしてはダメである。従ってシュヴァイツァーさんも、よい先生に恵まれてからは、メキメキと成績を上げたのだった。

一方彼はパイプオルガンをベルリン高等音楽学校を卒業した教会のオルガン手オイゲン・ミュンヒに学び、「バッハ崇拝熱を共にした」という。この先生がチフスで亡くなった時、その思い出をフランス語の小文に書き、はじめて活字にすることが出来たということだ。その後シュヴァイツァーは数限りない文章を書いているが、日本語に翻訳された『シュヴァイツァー著作集』（以下「自伝」と書く）でも「作文ではたいてい一番だった」と書いている。

一八九三年六月に彼はギムナジウムを卒業し、十月にはパリのパイプオルガンの巨匠、シャルル・マリ・ヴィドールの指導をうけるようになり、さらに上達した。一八九三年十月末にはシュトラースブルグ大学に入学した。そこで神学科と哲学科を同時に受講し、勉学にはげんだ。さらに彼は一八九四年四月一日から軍隊に入隊した。その年の秋の大演習の時、背嚢《はいのう》の中にギリシャ語の新約聖書を入れて行き、晩と休日にそれを勉強した。すると新しい発見をしたというのだ。

人生窮極の問題について

『イエスは、彼と信者によって自然世界（現象界のこと）の中に創成実現さるべき王国、を説いたのではなかった。やがて来るべき超自然世界の出現、これへの待望を説いたのである。――この解釈がいまや私の確信となった』

と告白している。つまり『甘露の法雨』の中にある詩句、

『キリストは「神の国は汝らの内にあり」と云い給えり。』

さらに、

『キリストは又云い給えり、「吾が国は此の世の国にあらず」と。此の世の国は唯影にすぎざるなり。』

にごく近い〝確信〟となったようである。彼は又、哲学や音楽にも関心を示し、ヤコプスタールの音楽理論から「純粋の対位法を根本から学ぶことができた」と述べている。さらに聖ヴィルヘルム教会のパイプオルガン伴奏の一部を委ねられ、本演奏も行い、バッハ

の作品に親しんだし、ワーグナーの全作品をも学んだ。

さらに神学試験を通過して奨学金を受け、哲学の学位論文に着手し、パイプオルガンの腕を磨くために一八九八年十月パリに向かい、ソルボンヌ大学に学んだ。その年はパリにおいて音楽と学位論文に専念し、パイプオルガンの外ピアノを学び、マリ・ジャエル・トラウトマン（リストの天才的な弟子）に入門し、彼女からすぐれたピアノのタッチ法を学んだというから、彼の才能訓練の幅はますます拡大した。即ち、

『マリ・ジャエルの指導の下に勉強しながら、私は手をすっかり造り変えてしまった。私が無駄のないわずかな時間の練習でもって、ますます自分の手を使えるようになり、パイプオルガン演奏のためにも非常に得るところがあったのは、一に彼女のお蔭である』（「自伝」三〇頁）

と言うが、この両者に習熟するということは、それぞれ大変な努力と訓練を要するものだ。しかも彼は当時空腹に悩まされるような貧乏だった。しかし健康に恵まれ、夜は学位論文に精を出し、夜も床に入ることなく、そのまま翌朝教師（ヴィドール）の前で、パイプオルガンを弾くようなこともあった。

こうして一八九九年の三月中旬にはシュトラースブルグに帰り、七月末に学位を受けた。その夏は哲学研究のためベルリンで過ごし、音楽家、画家、彫刻家なども交際し、ベルリンを愛したという。そして彼の学位論文は同年『「純粋理性批判」より「理性の限界内における宗教」に至るまでのカントの宗教哲学』という表題で出版された。

しかし彼は哲学の講師となるより、牧師として説教する方を選んだのである。それが彼の「内的欲求」だった。「人生窮極の問題について語ることを私は棄てがたく感じた」からだという。こうして同年末にはシュトラースブルグの聖ニコライ教会で副牧師となり、次いで牧師補となった。

しかしこれだけではない。彼はやがて「パイプオルガン製作を改正すべし」と称えはじめ、その製作法についての著書をも発行したのである。

無限力の表現

このような哲学的、音楽家的宗教者が、さらにアフリカの原始林に入って医者になろうと決意したのであるから、大変な努力家であり、理想主義者であることが分かるだろう。まさに人間には神授の「無限力」があるのであって、それが表現の出口を求め続けるのだと言うことができる。しかもそれは単なる治療や研究のためではなく、彼は「人々への奉仕」の道を選んだのであり、そのキッカケは三十歳の誕生日間近に、パリの宣教師協会のパンフレットを見て、アフリカのコンゴ地方の悲惨な状態を知ったからであった。

しかしアフリカの現地人に説教をするだけでは通じない。やはり医師としての治療を必要とすると考え、彼自身が先ず医学を勉強しようと決意した。その意志を知った両親や知人たちは全て反対したが、彼は初志を貫こうとした。こうして神学博士であり、哲学博士、そして又オルガニストでもあるシュヴァイツァーは、シュトラースブルグ大学医学部の一学生として医学を学びはじめ、それが八年間も続いた。

その間彼は大学で神学の講義をし、日曜日には説教をし、オルガンの演奏会も開いた。しかも彼はアフリカの活動を「自費で奉仕する」つもりであった。ただ病院のための敷地は宣教師協会で用意してくれ、病院の建設と維持と治療のための費用は、全て彼自身の資金と資金集めによる方針を取った。

こうして一九一三年三月に、三十八歳のシュヴァイツァーは夫人と共にボルドーの港を出航した。夫人は看護婦の資格を持ち、手術の麻酔も出来たので、一家をあげてランバレネ（現在のガボン共和国）に向かったのである。しかも到着するとすぐ患者が押しかけて来た。それほどランバレネでは治療を待ちのぞんでいたのだ。患者たちはありとあらゆる病気の持主で、その悲惨な肉体状態は実に想像を絶するものがあった。

このような貧富の差や物的条件の不平等は、現在でも大差はないが、現在の日本の人達にも知らされるべき「人生の教材」である。あまりにも物を粗末にし、わがままとぜいたくとに埋没しすぎているのではないかということを。しかもシュヴァイツァーほどの能力も訓練も、そして宗教心も持たず、「無限力」の自覚もその表現の努力もせずに、結果だけを求めていては、決して「豊かな悦びの果実」は与えられるものではないのである。

シュヴァイツァーが渡来したころのアフリカでは、病院を建て、増築をするために人々を集めても、彼らは働こうとしなかった。そうした意欲に欠けていたのだ。そこで彼自身が大工仕事をし、資材集めをし、設計をし、ベッドまで作った。彼はそれまでの人生で発揮した努力と創意と伝道の熱意をもって、これらの全てをやりとげたのである。

しかもその間、彼はピアノにパイプオルガンのペダルをつけた不思議な楽器で、オルガン演奏の〝練習〟をしたという。これは彼が長い間オルガニストとして務めた表彰として、パリのバッハ協会が贈ってくれたプレゼントであった。(『自伝』一七七頁)

森の中の「エデンの園」

ところがさらに戦争(第一次大戦)という大災害(人災)に見舞われたのである。ドイツ国籍をもつシュヴァイツァーはドイツとフランスの開戦によりフランス軍の捕虜となり、一九一七年にフランス本国の捕虜収容所に送られた。しかも病気と借金をかかえていた。しかし収容所の中では医師としての資格が役立ち、病人を診療したりして自由な時間を得、著述をしたり、「卓と床とでパイプオルガンの練習をした」という。しかもこのような困難でも前途をあきらめず、大戦後再びランバレネ行きを決意した所がすばらしい。そのため病院建設時の借金返済と今後の資金集めのために、彼はヨーロッパ各地で、オルガンの演奏会や講演会を開いたのである。さらにアフリカで体験した『水と原始林のあいだに』という回想記をドイツ語で出版し、スエーデン語や英語にも翻訳され、さらにその後はオランダ語、フランス語、デンマーク語、フィンランド語、日本語に翻訳され、世界的著名人となった。

こうして一九二四年二月十四日に、彼はシュトラースブルグを出発してアフリカに向かった。ランバレネに着いてみると、病院で残っていたものは、「ただ小さな波形トタンのバラックと、大きな竹小屋の堅木の骨組だけであった。七年間の留守のあいだに、他の建物はみな腐って、倒壊してしまった」(二四八頁)という。この建物の回復と医療のために、午前は医者となり、午後は大工頭となった。

このようなたゆみない努力が実り、一九二五年の秋には病院がほぼ再建された。次いでこの地に飢饉と赤痢が流行した。そこで病院を広い場所に移し拡大する必要にせまられた。病人がものすごく増えたからである。こうして河上に波形トタンのバラック村を、杭の上に建てたという。

しかし彼はこう書いている。

『一年一年、病院の周囲に「エデンの園」を作る努力がなされた。種から蒔いて育てた若い果樹が、すでに数百本植えられた。ここにいつかは、だれでも勝手にとることができるくらい果実を実らせるつもりである。そうすれば盗みということもなくなるだろう』（二五一頁）と。

言うまでもなく、シュヴァイツァー博士は、神を信じ、光明思想の実行者であり、神から万人に与えられている「無限力」の実現を、力一杯やり続けた功労者であった。しかも彼ですらまだ本具の「無限力」のごく一部を現実化しただけであり、多くの仕事や才能を、まだ表現し切れないまま、一九六五年にランバレネにおいてこの世を去ったのである。彼は又こう書いている。

『世界は事象のみではない、また生命でもある。自己の接触する範囲の世界の生命に対しては、単に受動的にでなく能動的に対せねばならぬ。生きとし生けるものに奉仕することによって、個我は、世界に対して意義あり目的ある行為に達する』（二七七頁）と。

まさに現象界だけにとらわれず、生命の世界の実在を信じ、能動的に、積極的に生きよう、そして生きとし生けるものに奉仕することが、全ての人々のなすべき使命だと言う信仰告白であり、又惜別の言葉でもあったのだろう。

2　天才は汗を流す

高校・大学への入学

人はこの世に生まれると、沢山のことを勉強する。そして能力を向上させるのである。これは学校教育だけのことではなく、体験する全てが「何かを教えてくれる」のだ。しかし学校教育ばかりでは、色いろな事情から義務教育しかうけられないという人もいるし、小学校だけという人もいる。

けれども志を立てれば、誰でも、どこでも勉強ができるし、いくらでも才能を伸ばすことができるものだ。何歳になったからもうダメということもなく、何歳にならなくては勉強できない、などという制限は全くナイのである。何故なら神様のおつくりになった「本当の世界」、つまり「実在界」「理想世界」には、年齢や円やドルや金銭財宝のあるなしの問題など、何一つないからである。本当の人間は、「神の子」であり、「無限生き通しのいのち」の持主だからである。

平成十二年のある日、家内に贈られて来た本に、『96歳の大学生』という本があった。宮城県の蘇武さんという方からの贈り物だが、著者は歌川豊國さんという絵描きさんで、PHP研究所の出版。平成十一年の春、九十六歳で近畿大学法学部に入学して、大学院にも行って博士号をとりたいとおっしゃっていた。

このような熱心な勉強家も大いに結構だが、大学への入学が唯一の勉強法というわけでもない。歌川さんは歌川派という浮世絵師の一門に生まれ、戦時中は実業家としても活躍し、平成八年には九十三歳で大阪府立桃谷高等学校に入学されたそうだ。しかも小学校までの学歴で高校を受験されたというから、大変苦労なさったのであろう。

それにくらべると、大多数の青少年は、両親や親戚などのおかげで中学や高校、さらには大学へ行かせてもらったり、時には留学までする人もいるのだから、大いに感謝して、大いに勉強したり研究したりして、〝実力〟をつけなくてはならないはずである。ところが中には、大学を〝遊ぶ所〟と心得たり、中高生時代から教室で私語、居眠りを繰り返すなどの心得違いを行う者もいるが、まことに残念なことと言わなければならない。

歌川氏の高校及び大学での体験を読むと、どうやら九十歳以上の人の在学者で一番困難な問題は、居眠りをしないことらしい。できるだけ眠るまいと思って努力しても、ついウトウトと眠ってしまうという。しかも普通一番前の席が与えられるので、目立って仕方がない。しかし肉体の生理的現象で、年をとると居眠りが出てしまうというのだ。だから若い中高生や大学生などは、九十歳以上の人と同じ姿を見せることをやめ、若々しく元気溌《はつ》剌《らつ》たる所を発揮して、大いに勉学してもらいたいものである。この歌川氏も平成十二年十一月に、学業半ばにして霊界に旅立たれた。

小学校を退学

人はすべて何かの目的を持って生きている。しかし中には小学校へ行っただけで、あとは通学しない、又はできない人もいる。彼らの学歴はないに等しい。しかしそれでも大成して世のためになる立派な仕事をする人はいるのだ。世界的に有名な発明家トマス・アルバ・エジソン氏（一八四七—一九三一）もその一人であった。彼は八歳のとき小学校に入学したが、入学して三ヵ月後のある日、校長先生が、

「あいつの頭はくさっている」

と言ったそうだ。

それをきいて、エジソン少年は「もう学校に行かない」と言い出した。彼は幼いころから「実験」に興味を持ち、火はどのように燃えるかを実験して、納屋を全焼させたことがあった。ガチョウやにわとりの卵を自分であたためてヒヨコにしようと試みたりした。これを校長先生は単なるイタズラと判断したのだろうか。

判断しただけならまだ〝可愛い気《げ》〟があるが、それを「頭がくさっている」などというコトバに出して言ったのがいけない。すると母親のナンシイ・エリオットさんは、息子をバカとは思っていなかったので、早速彼をつれて校長のところへかけつけ、はげしくその教育法の不完全を論じて、エジソンを退学させ、以後自分の力で教育したのである。

このように息子の能力を信じている父や母に育てられるということは、小中学校の教育以上に有意義であり、「コトバの力」はこのようにして人々の将来に大きく影響するものである。ナンシイさんは牧師の娘さんで、学校の先生をしてたこともあり、信仰心の厚い女性だった。エジソン少年の父はサミュエル・オグデン・エジソン二世といって、当時はイギリス王党派の支持者で、カナダからカナダ政府軍に追われて、アメリカとの国境に向かい、ミシガン州のポート・ヒューロンにのがれた。もともとアメリカ人だったから、こうしてアメリカ国内で生活することになった。その結果トマス・アルバ・エジソンは、アメリカのニューヨーク州とオハイオ州にまたがるエリー湖畔のミランで生まれたのである。

二月十一日の夜明けに生まれたそうだが、父は近所の人々に七番目の子供が生まれたと知らせて回ったという。目が青くて大きく丸顔で、母親に似ていた。六歳の時には父の小屋で火をもやして全焼させた。もう少しで町全体が火の海になる所だったので、父は彼を公衆の面前で鞭《むち》打ちの折檻《せっかん》をした。当時はこれが当り前のこととされていたのだ。けれどもエジソン少年はその後も「バカゲタ質問」をしたり、いたずらをして、「頭がくるっている」と思う人々もいたようである。

しかし子供はすべて好奇心によって成長して行く。だから質問や研究は大いにやるがよい。その好奇心や研究心が抜け落ちるとき、少年や青年たちはダラクして、キレたり、なまけたりするのである。

才能をみとめる

ところがミランの町は湖岸鉄道から外されたため沈滞した。そこでエジソン一家は町の北はずれに移住した。しかし父には定職がなかったので、母親が一心に働き、上の子供たちも家計を助けてくれた。新しい住所ポート・ヒューロンに着いたころ、トマス・アルバはひどい猩紅熱《しょうこうねつ》にかかったため、小学校の入学がおくれた。だから八歳をこえた一八五五年の秋にエングル牧師夫妻の学校に入ったのである。ここで校長から「あいつの頭はくさっている」と言われ、母は彼を自分の手で教育すると宣言したのだ。マシュウ・ジョセフソン著『エジソンの生涯』という著書（矢野徹・白石佑光・須山静夫訳・新潮社版）には次のように記されている。

『エングル夫妻の教育はたまらなく「いや」だった。あらゆることが無理に強いられた。書物によってのみ自然の過程を知ったり、アルファベットや算数を機械的に覚えこんだりするのは、かれにはできないことであった。かれが求めていたことは、自分の目で観察し、自分で「ものをすること」と、自分で「ものを作ること」であった。自分でものを見たり、試してみたりすることは、「ほんの一瞬だけであっても、見たことのないものについて二時間も教わるより有益である」と、かれは言っている』（一一六頁）さらにまた、『現代の教育家にとっては、アルバは確かに興味深い研究対象であろう。天才のなかには早熟のものとか、少年時代に頭の成長のおそいものとか、あるいは「頭の働きにむらのあるもの」とかがある。例えば、アイザック・ニュートンもアルバと同じだった。エジソンの場合は、立派な母親がかれを理解し、その自信を育ててくれた。かの女は強制したり苦しめたりすることを避け、自分の好きな優れた文学作品や歴史物語を読んできかせて、息子の興味をとらえようと努めた。一八五〇年代の女性はたいがい、「ゴーディ婦人雑誌」を読んでいたが、かの女はそれら一般の女性たちと違い、好みはもっと高級だった。普通の母親ならピーター・パーリイの「太陽と月と星の話」のようなものを読んでやるところだが、かの女は、ギボンの「ローマ帝国衰亡史」や、ヒュームの「英国史」や、シャーズの「世界の歴史」や、またシェクスピアからディケンズにおよぶ文学の古典を読んできかせた。自分の息子が知能が劣っているどころか、なみなみならぬ思考力を持っていると考えたからだ。少年もそのようなまじめな文学作品をきいて、退屈するどころか、すっかり魅せられるようになり、九歳になったときには自分から進んでそういう書物を読むようになった。』（同書二七頁）

このように、子供の才能を認めることも大切だが、さらに幅広い教養をつけてやることも大切だ。エジソン少年がこうして幼少期から歴史やシェクスピアやディケンズの文学に親しんだことは、彼の数多くの発明と決して無縁ではないのである。

火の燃えるように

多くの青年の中には、数学や英語なんか将来役に立たないから勉強しないでよいと思う人がいたり、逆に理工系の学生には古典文学は不要だと思って怠ける人もいるが、人間の知性や感性は広い教養の土壌から生まれてくる「才能」であり「無限力の一部」であるから、与えられる人生学校の素材には積極的に、楽しみながら取り組むのがよい。理論物理学でノーベル賞をもらった湯川秀樹博士も、幼いころ祖父から「論語」や「大学」の素読をさせられたということだ。

一方ナンシイさんは息子が「自然科学の学校」というR・G・パーカーの物理の本を与えた時、「火が燃えるように」熱中したというから、彼の将来の方向に気付いたらしく、地下室を実験室として使わせた。後になってこのエジソン家跡を発掘して、この〝最初の実験室〟を発見したということである。

さてエジソンが青年期を迎えるころには、アメリカの鉄道網が急速に発達し、ミシガン州のポート・ヒューロンにも鉄道の駅が出来たが、十二歳のアルバは家から駅舎が見えるので、彼はこの駅で働きだし、月給三十ドルを得るようになった。さらに「新聞売子」の職もみつけた。毎朝七時にポート・ヒューロン駅を出る列車に乗って、十時すぎにデトロイトに着く。そして夜の九時にポート・ヒューロンに帰ってくるのである。新聞ばかりではなく、果物やサンドウィッチや三文小説や雑貨も売った。

このデトロイトですごした昼間に、アルバは多くの本や新聞を読んだ。さらに新聞社から不要になった活字やインクや紙を払い下げてもらい、校正刷り用印刷機を地下室に置き、『グランド・トランク・ヘラルド』という新聞を週一回発行したのだ。（ニール・ボールドウィン著、椿正晴訳・三田出版会版『エジソン』より前後を引用）

このようにしてエジソン少年は、ジャーナリストの先駆者でもあった。最盛期には五百人の定期購読者を得、車中で一日に二百部もうれたのである。しかも『グランド・トランク・ヘラルド』紙は、運転者や駅員の美点を並べ立てたり、面白い文章を書いたりした。このような光明思想や文学の才能が、彼の仕事を大いに盛り上げたのにちがいないし、彼の後期の数多くの発明にも関係しているのである。

さらに言うならば、彼は朝の六時に家を出て、夜は十時か十一時に帰宅し、昼間のデトロイトでは図書館の本を隅から隅まで読むほど努力した。このような体験から、あの有名な言葉が出たのだろう。

「人はあなたを天才と言いますが、天才はどうしたら生まれるのですか」

ときかれて、「天才とは、九十九パーセントの努力（パースピレーション即ち汗）と、一パーセントのインスピレーションですよ」と答えたと言われている。

彼が十五歳になるころ、今までトマス・アルバ・エジソンは、通常アルと呼ばれていたが、トムと呼んでもらいたいと思い始めた。どちらも彼の正式な名前を省略しての呼称でアメリカ人のごく普通の習慣だ。かつて別文で紹介した鉄鋼王カーネギー氏*も、鉄道と通信から社会人として活躍しだしたが、エジソンもまた鉄道とそれを動かす通信や電報から実社会に船出したのである。そのころのアメリカは、やっとワシントンからサンフランシスコまで電線が行き渡った。そこで彼は電信の技術に改良を加え、その通信速度を向上しようと試みたのであった。

発明の才能

しかしトムは不幸にして耳が悪くなった。貨車の一部を実験室として使った時、化学薬品の調合を間違えて、貨車内でボヤを起し、車掌に耳のへんをひどく殴られたからだとか、耳をつかんで持ち上げられたからという話もある。しかし彼は耳が不自由だということを気にせず、独力で電信キーをマスターし、処理速度を高める努力をした。一方彼はまた居眠りも得意だったので、時々失敗をした。しかし職場が変わっても、恐れることなく「夜勤」を希望した。その方が時間の自由が利き、就職口も多かったからである。こうして一本の電線で双方向に送信しうる機械を作ったり、通信士組合の機関誌の編集人ともなり文章を書いた。やがて月給百二十五ドルの一級通信士になった。彼は多くの文学にも親しみ、スペイン語も独習した。さらに『ノース・アメリカン・レビュー』誌に寄稿し、愛読した。

彼は又マイケル・ファラディの「電磁気学」を読みファラディに傾倒した。このファラディも十三歳で学校を中退した科学者で、発電機と変圧器の生みの親である。こうしてトマス・エジソンの研究もその方向に向かった。彼は常にフロンティアの精神にみちあふれていた。その六十年間の発明の人生で千以上の特許を登録した。彼はいつも手帳を携帯して、凡ゆることや思いつきなどを書きとめていた。場所や、日付や時間もハッキリ記したのである。

こうして幾つかの発明で資金をたくわえると、ニューヨークから四十キロぐらいのメンローパークに研究所を建て、そこは「発明工場」と呼ばれた。この研究所で有名な蓄音機を発明したのだが、彼はこれを〝おもちゃ〟みたいなものだと言った。電話機はベルに先を越されたが、これも当時は〝おもちゃ〟あつかいされたものだ。しかし白熱電球は大いに期待されたし、活動写真も大きな社会的反響があった。全て発明品は〝おもちゃ〟と言われようがどうしようが、やがて役に立つものとなるのは現代のゲーム機のようなものだから、とにかくインスピレーションは一％でも、九十九％のパースピレーション（汗）を大いに流す必要がある。そしてちょっとしたインスピレーションでも、神への祈りがあるのとそうでないのとでは、大変な相違が出てくるものである。

一八七九年に白熱電球が四十時間ともったが、その後エジソンはすぐれた電球のフィラメントの素材をみつけようと思い、西インド諸島や南米、アジアに向けて探検隊を派遣し、やっと〝日本の竹〟を発見して採用したことは有名だ。彼は又エジソン会社を作り、セメント工場を作り、多くのイベントの企画能力をも発揮した。一八九五年にレントゲンがX線を発見すると、エジソンはその利用法を研究し、八千種の物質にX線をあてて数百種類の物質から「蛍光」の出ることを発見した。また「電気自動車の蓄電池」の開発も進めていたから、その流れは二十一世紀の現代にも及んでいると言えるであろう。さらにヤンキー・スタジアムも作り、大リーガー相手にバットを振ってみせたりした。

やがて晩年になると宇宙のことを考え、「死後の世界」にも関心をよせた。彼はエマヌエル・スウェデンボルグやエマーソン、ブラヴァツキーの著書を読みふけったようだが、「実在界の完全円満」についての神観は、まだ生まれなかったようである。

こうして一九三一年十月十八日の日曜日の午前三時二四分に、静かにこの世から旅立った。彼の魂が不滅であることは、全ての人々の命運と全く同じ「神の子」であるからであり、従って人々は皆彼と同じく「天才」の持主であると言えるのである。

* かつて別文で紹介した鉄鋼王カーネギー氏＝『無限の可能性がある』所収の「チャンスがやってくる」（一五九～一七一頁）に紹介されている。（日本教文社刊）

3　どんなコトバを聞くか

ショクアン

この世の中では、色々な人に出あい、様々な事件から多くのことを教えられるものである。だからこの世を「人生学校」というのだが、「人生大学」とか「人生大学院」と言ってもよいだろう。そこで大人たちは、子供や若者からも教えられるし、若者たちは多くの事件や大人たちから教えられて成長するのである。

例えば平成十二年十二月六日の『読売新聞』には、町田市に住んでおられる石川静恵さん（80）の、次のような投書がのせられていた。

『私は、いろいろな投書の中でも、若者の意外な優しさに触れたものが好きだ。「礼儀正しく心の優しい青年」（11月30日）の投書を読み、私も最近の体験を思い出した。

ヘッドホンを耳にしてリズミカルに歩いている青年に郵便局までの道を尋ねた。彼は服を引っ張る私に気付くと、急いでヘッドホンをはずし、丁寧に教えてくれた。そして、最後に付け加えた「お気を付けて」の一言に、私はしびれた。家庭でのしつけがいいのだろう。その日一日、彼の温かさに包まれた気分だった。

また、職安の近くの建物への道を、男子中学生の集団に尋ねると、「ショクアン？」とふに落ちない顔をしたが、「仕事を紹介してくれるところよ」というと、一人が「おばあちゃん、そんな年でまだ働くの。やめた方がいいよ。体のあちこちが痛くなるよ」と言った。「あっ、そう。ありがとう、心配してくれて」と言ったものの、目がうるんで、もう一度「ありがとう」と言うのが精いっぱいだった。心優しい青少年たち。君たちになら、私たちが汗を流して築いてきた日本を安心して任せられる。優しく温かな国にしてね。』

若い人たちの中には、〝職安〟即ち〝職業安定所〟（ハローワーク）の名前は知らない人もいるだろうが、「お気を付けて」と最後に言われた言葉にしびれたというのだ。さらに職安の近くで、男子中学生にたずねると、もっと深切に身体のことまで気遣ってくれて、「ありがとう」と言って涙ぐんだ。このようにあいさつとか思いやりの言葉は、とても人々に勇気と生き甲斐を与えるものである。

最近若い人たちの出生率がへって、合計特殊出生率が一・三三人にも減少した。そこで老人も長期間働くことになったが、八〇歳で職探しというのも大変だろう。だが「そんな年までまだ働くの」と心配してくれる。そう素直にコトバで表現してくれるだけで、涙が出るほどうれしいものなのだ。

泥舟？

人はみなコトバで生き、コトバで悦びを味わい、心を表現し合うのである。これは個人同士ばかりではなく、多くの人々の意見をまとめて発表するような〝マスコミの言葉〟にも当てはまる。そこで次のような投書が出てくる。同じく平成十二年十二月十日の『産経新聞』には神戸市西区の芝野茂さん（76）のこんな一文がのっていた。

『第二次森改造内閣が誕生した直後の記者会見で、次々出てくるほとんどの大臣に対して、まるで何とかの一つ覚えのように「泥舟内閣と言われているがどうか」との質問が繰り返されるのを聞いて、うんざりした。

これまでの森喜朗総理の言動については、私とて批判はある。

しかし、大事な記者会見では、これまでの政策についての見解とか、今後の政策についての抱負とかを、きちんとただすことに終始すべきであり、それこそが国民に代わっての質問というものである。

また、この記者会見の模様は、そのまま海外にも伝わるのであるから、誕生早々から海外にまで新内閣をマイナスイメージづけして、わが国になんのプラスがあるというのか。

その愚かさにも気づかず、低俗なこき下ろしを繰り返す記者の教養と次元の低さには、情けないのを通り越して腹が立った。

こんな程度の政治記者を会場に臨ます側にも問題があるといえるのではなかろうか。（無職）』

「泥舟」には二つの意味がある。一つは泥を積んで運ぶ舟、もう一つは「泥で作った舟」

のことで、すぐ沈むこと確実という意味がある。いずれにしてもこのような名前を使って新内閣に聞くのは、決して正常な選択ではないだろう。だから同日の『毎日新聞』にも東京の世田谷区に住む市村修一さん（74）というコンサルタントの投書がのせられていた。『第2次森改造内閣の新閣僚の記者会見。メモに頼らず自分の言葉で話す人が少なくなかったことには、話の内容はともかくとして好感を持った。半面、「泥舟といわれる内閣に入閣する気持ちを」という質問には疑問を感じた。

こういう場合のマスメディアは、国民の立場で突っこんだ質問をしてくれるものだと思うが、これはどういう立場の質問なのか。

泥舟に乗ったら「選挙に不利」ではないかといった意味を含むのだろうが、それは被選挙者の立場の問題であって、国民の問題ではない。

自分の目でものを見、自分の頭で考える国民の関心は、新内閣がどんな理念で、どんな仕事を、どれだけの仕事ができるのかだ。この質問が想定しているであろうように名誉欲や仕方なしで入閣するようでは、国民は困るのだ。

それに〝泥舟〟という表現はいかにもやじ馬的で、国民の生活に直結する政治であってほしいというまじめな感覚からは程遠い。』

このような傾向は、その後の小泉内閣時代にも引きつがれ、とかくアラ探しの記事が多いのは好ましくない。

何を如何に学ぶか

言うまでもなく言葉の力は強烈であり、全てのものはコトバで出来ている。ことに専門家の使う言葉は、大変な力を持つ。だから青少年も、相手をくさしたり、ひやかしたりする言葉よりも、勇気を与えたり、こちらの真心を伝えるような言葉や態度を示すのが「人生学校」で学ぶ第一課題だと言えるであろう。

コトバには表情や行動も含まれる。知人と出会ってもブスッとしているのではなく、にこにこして、ちょっと頭を下げたり、手をあげたり声をかけたりするだけでも、相手も自分も明るい心になり、何かその日はよいことがあるような気分になる。心がそうなると、自然に運命が好転し、明るい人生が作り出されるものである。

その点先にあげた市村氏の投書の中にあるように「メモに頼らず自分の言葉で話す人が少なくなかった」とほめているのは、良識ある態度だと言えるだろう。どんな国や人にも、必ず何かよい点があるはずだ。その美点を見て、それをコトバによって表現する人生を送ることが望まれる。

その点今回のアメリカ大統領選挙で、かろうじて当選したブッシュさんも、敗れたゴアさんも、「メモを見て話をする」などということはなく、全て自分の言葉で話していたし、その他の閣僚候補者も、そろって「自分の言葉」を使うことにかけては立派であった。これは彼らが幼いころから、学校や家庭で、自分のコトバで意見を言い、相手の言い分も聞くという「練習」をしてきているからであって、とにかく「表現力」にすぐれている点では進歩している。だからマスコミ人も、「あなたの今度の泥舟政府は……」などというバカな言葉遣いはしないのだ。

人はみな本来「神の子」のいのちである。だから掘り出せばいくらでも「美点」や「すぐれた才能」が現れてくる。これを現し出すのがこの「人生大学」のレッスンであり、訓練だ。だからあらゆる人々は「いかにして真・善・美を表現するか」を学習しなければならない。

この学習のためには、単なる小手先だけの訓練では足らず、結局「神・仏」の世界に沈潜して行かざるを得ない。そしてその前には、一見「失敗」とか「蹉跌《さてつ》」と思われるような事件も起こってくる。何もかもダメと思えたり、自分の実力に対する自信の喪失といったものだ。私の場合は、前大戦中兵役に服し、肺結核と診断され、浜田の陸軍病院に入院した時が、そのような時期だった。当時の肺結核は死亡率第一と言われていて、外出できないように金網が張られた病棟に入れられた。

けれどもこの病棟の中で、私は始めて『生命の實相』を知らされた。しかし、その『生命の實相』の本を読んでいた上等兵は、あの世に旅立って行った。彼は私と同じころ、松江近郊にあった「傷痍《しょうい》軍人療養所」に移転してから死亡したのである。

ヴァイオリンの練習

さて話は少し変わるが、私は中高生時代からヴァイオリンが好きで、父から入学祝いに買ってもらったことがあった。形のよいシムソンヴァイオリンでアントニウス・ストラディヴァリウスのコピー、製作者はED.FRIEDRICH HOFMEISTERと胴内に書いてあるが、今はニカワが外れて、どこかで静かに眠っている。正式に先生について練習しなかったので下手くそだが、天才といわれた千住真理子さんの『聞いて、ヴァイオリンの詩』という本（時事通信社刊）を読んでみて感銘をうけた。

彼女は子供のころ、いつも親から、「何をしてもよい」と言われて育ったという。そして、

『ラーメン屋になっても音楽家になってもよい。その道の〝超一流〟になれ』

と言われたそうだ。しかも二歳三ヵ月からヴァイオリンをおもちゃ代わりにいじって遊んだというから、幼少の時に「何とたわむれるか」は運命的な意味合いがある。この〝超一流〟という言葉は、〝一流〟とちがって、人が認める判断ではなく、「厳しく自分自身に問う採点である」と書いてあった。（六頁）

だから一流とか二流とかを考えることを「超越」するという心境でもよいだろう。そのような〝超〟であるならば、多くの人々にとって可能であり、「超宗教」といって、宗教と

いう世間の範疇《はんちゅう》を超える「生長の家」の考え方と同じことになる。学生さんにとっては、クラスで一番とか三番とかという考え方を超えるのが「超一番」であり、大変結構だが、そういった心境に達するのも、やはり訓練を要するのだ。

さて千住真理子さんは以来楽しく明るく、のびのびとヴァイオリンと遊びつつ、「茶目っ気たっぷりにおどけまわる母」の奇抜な表情に「感心し、驚き、お腹を抱えて笑い転げた」（八頁）という。その上有名なヴァイオリニスト、故・鷲見三郎先生について1／16の一番小さなヴァイオリンから習いはじめたというから、幸運であった。

『「おじょうちゃん、いらっしゃい」と手招きをされ、私は先生のひざとひざの間に挟まれるようにして入った。先生の両手に包まれた私の両手が初めて弦の上を押さえ、弦を弓で奏でた。先生は実に器用に私のまだ丸まっている指を一つずつ弦の上に並べ、「ここを押さえて……」「こう弾くんですよ」と教えながら、弦をこすってきれいな音を出してくれた』（一二頁）

ところが一方専門家を目指している生徒さんにはとても厳しい先生だったというから、ますます幸せなことだ。

〝天才少女〟の重圧

こうして真理子さんは、小学校の四年生のとき全日本学生音楽コンクールに出たが、彼女は「なんだかうれしく、運動会にでも出場するような気持ちで、ただ単に跳び上がってはしゃいでしまった」（一五頁）。つまり〝たのしく練習する〟ということが、何よりも大切であることを示してくれている。

その後彼女は江藤俊哉先生をはじめ、色々な先生について学習しているが、学校の友だちからも、大いに応援され、コンクールの本選に出た。ところが当日ケースからヴァイオリンを取り出してみると、変な音がする。膠《にかわ》でくっつけているその膠が取れているのだ。夏休み中楽器を湿らせてしまったからである。

ヴァイオリンという楽器はとても敏感だから、気候や湿度で音質が変わる。ニカワがはがれたのでは台なしだ。それでも母にはげまされて、力一杯演奏したので、小学生の部の第二位に入選した。

帰り道は、父の運転する車で横浜の自宅まで帰ったが、「胸の奥から熱いものがこみ上げてきて止めどもなく涙があふれた」（一二五―一二六頁）。こうして楽しいだけのヴァイオリンの時間は、彼女の前から消えてしまった。

『一年後、私は全国優勝のトロフィーを抱えてみんなのところに帰った。

みんなでタイヤキを食べ、家族の喜ぶ顔も見ることができた。ヴァイオリンの先生もヴァイオリン仲間も私を認めてくれる顔をした。マスコミにものり、いつのまにか私は〝ヴァイオリンの上手な子供〟として、次第に〝天才少女〟とまで呼ばれるようになっていった』（一二七頁）

さて〝天才少女〟と呼ばれると、逆に精神的な重圧がかかってくる。いつも〝天才〟でなくてはならないというが、彼女は自分で〝天才〟だと思ったことはない。

『自分は、人より多くの努力と訓練を重ねただけなのだ。それが〝上手な演奏〟に至っただけのことである――』（一三〇頁）

こうして積み重なるプレッシャーと世間の目に堪え切れなくなり、それが彼女の演奏にも表れてしまった。世界的なコンクールにことごとく落ちていったのである。

『私は完全に自暴自棄になっていた。どんどんだめになっていく自分に、もっと落ちていけ、どんどんだめになれ、ともう一人の自分が言う』(三一頁)

生きていてよかった

こんなスランプ状態から「もう二度とヴァイオリンは持たない、決してプロとしてステージに立つことはしないと強く決意した私は、それまで一八年間握りしめてきたヴァイオリンを、生まれて初めて手放した」。ヴァイオリンを売ってきて、と母に突き出した。こうして彼女は、クラシック音楽にさえ吐き気をもよおすようになった。まるで失恋したショック状態に似ていた。そして間もなく四十度を超す高熱が続き、点滴を打ち、悪夢にうなされた。

「もう死んでしまいたい、これ以上みっともなくなる前にこの世から消えてしまった方がよい」

と思ったという。そんな時、いつもは口数の少ない学者の父から、ダイヤモンドも磨かないと光らないという話をされた。毎日毎日ダイヤモンドと信じて磨いたら、いつか輝いて、誰かが見つけてくれる……でも本当にダイヤモンドだろうか？

そしてある日、そっとヴァイオリンケースを開けてみた。静かに弦をはじいた。五度音階の四つの音が調和して、美しいハーモニーを生んだ。そんなある日、ホスピスに来てヴァイオリンを弾かないかと誘われた。

『あとわずかな人生であることを自覚している末期ガンの患者さんたちに、ヴァイオリンを演奏しに来てくれないかという誘いは、ヴァイオリニストをやめたので、という答えで終わりにならなかった。

「ヴァイオリニストとしてお願いしているわけじゃない。昔あなたのファンだった人が余命いくばくもないのです。一人の人間としてどうされますか」

と問われたとき、迷わずヴァイオリンを持って訪れようという思いに至った』（三六―三七頁）

彼女は楽器ケースをぶらさげて、神奈川県にあるホスピスを訪ね、死をまぢかに覚悟している人々の前で、感謝しながらヴァイオリンを弾いた。久しぶりの演奏、左指が弦を押さえるたびに異質な痛ささえ感じる。思うように演奏できない……しかし二、三十人の聴衆から来る強い〝思い〟に誘導されて心をこめて弾いた。

『そこには自分の意思はない。上手に弾こうという欲もない。どう思われるかという不安感もない……演奏が終わり頭を下げその広間から出ようとしていたときに、一人の患者さんが近づいてきて、温かな眼差しを私に向けて言った。

「生きていてよかった。毎日ただただ、苦しんでばかりで、何のために生きているんだろうって思っていたんですよ。でもいま千住さんの演奏を聴いて、ああ今日までとにかく頑張って生きててよかったなあって、そう思いましたよ。ありがとう」』(三八頁)

彼女も「私の方こそありがとうございます」と答えたが、この人は一週間後に亡くなられたということである。こうしてその後次第に真理子さんは立ち直り、練習をはじめたのであった。

人はみな、死の床にいる病人からも、生きることの尊さと、使命の重さとを教えられるものである。そしてさらに彼女はこう書いている。

『あとは無心になること、祈ること、自分をなくすこと、欲を捨てること……』(四六頁)

さらに又彼女はこう書いている。（一六九頁）

『「神は、そのことに耐えられる人にだけ、大きな試練と栄光を与える」これは、私が〝心の指針〟とする、最も好きな言葉である』と。

Ⅳ　素直で正直な生き方

1　素直で正直で……

家族と共に

人は何歳になっても、家族の温かい関係や、父母の生活態度から、多くの貴重な〝贈り物〟を受けとっている。もしそれが失われると、人はいつしか精神的な不安感に悩まされるものである。平成十四年三月二十日の『産経新聞』には、神奈川県秦野市に住む相馬詩子さん（21）の、こんな投書がのっていた。

『私は大学三年生。一人暮らしをしている。いままで長期休暇は、たいてい友人らと海外旅行を楽しんでいたが、先日、二週間ほど千葉の実家に帰省した。

朝日が雨戸から差し込み、小鳥のさえずりで目を覚ます。土間で一杯のお湯を飲む。長靴をはき帽子をかぶり、畑に出て祖母とともに野良仕事をする。懐かしい土のにおいがやわらかくつつむ。

父も母も言葉にこそ出さないが、うれしさがにじみ出ている。祖母には料理を教わった。やっぱり自然食はおいしい。

高校を卒業したばかりの弟も、元気な様子でひと安心、少し大人になったかな。家族五人の笑顔が絶えることはなかった。

高校卒業まで家族と過ごしていたありふれた日常があった。当時は当たり前すぎてその良さに気づかなかった。今年の春はなぜか急に、実家に帰りたくなった。きっとふだん味わえない家族のぬくもりを求めていたのだろう。

満たされた思い出を胸に、大学最後の年度を迎える。これから社会に出ると、家族とともに過ごせる時間は限られてしまう。だが折をみて、実家に帰りたい。（大学生）』

このように人は若くても年とっていても、温かい家庭の雰囲気から「心の栄養分」を吸収している。しかしその中にもし不純な成分がまざっていたりすると、丁度車の排気ガスを吸って健康を損なうように、いつしか心が病んで来るものだ。平成十四年三月二十四日の『読売新聞』の投書には、次のようなものがあった。

主婦　渡部　孝代　43（東京都豊島区）

『私は、中学二年の長女を心から信用しています。といっても、成績優秀、品行方正な「良い子」と信じているわけではありません。

どう信用を、と言えば、一人の人間として、女性として、世間や私に対して恥ずかしくない生き方をしていると信じているのです。

それは、ウソをついたり、人を傷つけたり、ひきょうなことをしない生き方で、本人にも日ごろからよく言いきかせています。

私の両親もそうでした。学生のころ、私の成績が悪くても「もっと力があると信じているよ」。OL時代に午前様で帰った時も「心配で眠れなかったけれど、あなたを信じてるからね」と言われ、どんなにうれしかったことか。

子供に対しプレッシャーをかけるわけでなく、ごく自然に親子の信頼関係を教えてくれた両親に感謝し、私と娘もそんな関係でやっていきたいと思います。』

このように父母を信じ、又信じ返される家庭に育つ子供は、きっと「良い子」になるに違いない。「良い子」とは品行方正、学術優等というモハン生のことではないという。少なくともウソをつかず、ひきょうなことをしない若者だとおっしゃるが、その通り、たった一つ「ウソをつかない」という項目だけでも守れたら、必ず親からも社会からも信頼され、きっと幸福な人生を送るに違いないのである。

正直と信頼

その〝幸福〟とは、地位や名誉や財産を得ることではない。〝信頼〟という金銭や地位では買えない「宝もの」を得ることであり、私もしばしばそれを主張してきた。さらに平成十四年八月の『光の泉』誌*には、このようにして昭和天皇陛下から貴重な信頼を得た米内《よない》光政《みつまさ》さんのことを書いたが、これも読んで下さると有難い。この米内さんという人は、海軍兵学校の卒業成績が百二十五人中六十八番だったというから、中以下であった。これではとても将官にはなれないだろうというのが通例だったが、いつの間にか海軍大将となり、首相ともなった人である。

だから学校の成績があまりよくないとか、落第したといってクヨクヨする必要は何一つないのである。ただウソつきであったり、ごまかしたり、卑怯未練であったりしてはダメだ。即ち「正直である」と言いかえてもよいだろう。平成十四年三月二十六日の『読売新聞』の〝編集手帳〟にはこんな記事があった。

『「お母さんに答えるように正直に…」。先の証人喚問で辻元清美氏は、鈴木宗男証人にそう語りかけた。範を垂れたつもりでもあるまいが、秘書給与疑惑の釈明文はどこかしら子供の言い訳じみている◆秘書の名義貸しは与党の議員にもあると言い、実名を挙げている。「ほかの子だってやってるよ。なんで私だけ、おこられなくちゃいけないの」とでも言いたげである◆秘書の給与は事務所経費に充て、私的な流用はないという。人さまのお金（税金）をごまかしたのでは、と疑われている時である。「でも使い道は立派でしょ」と言われても、「そうね」とは答えられない◆公設秘書三人分の給与で四―七人を雇ったのはワークシェアリングだという。私企業には雇用確保の知恵でも、予算書で使途が厳密に決められた公金で勝手にやられてはたまらない。公私の別を知る大人の物言いではなかろう◆大勢で公的な仕事を分かち合い、各人平等に幾らかずつ税金のおこぼれにあずかる。それまでもワークシェアリングと呼んでいいのなら、どうだろう。談合で公共事業を分け合う建設業者の発想と違わない◆この釈明文は、当初の会見内容に一部「うそ」があったことを認めた文書である。紙数の半分以上を他人の攻撃に費やす神経が分からない。久々に胸の悪くなる文章を読んだ。』

ウソをつかないこと

幸いにして私は辻元さんのこの〝文章〟を読まなかった。彼女はたしかにテレビによく出演した〝有名人〟だったが、三月二十八日の『産経抄』でも次のように批判されていた。

『(前略)この人の弁明を聞いていると「うそをついた」というべきところを「ミスをした」といっていい逃れている。しかしあなたのしたことはミスではなく、犯罪なのである。被害者意識も強く、なぜ自分だけが辞職しなければならないのか、ほかにもいるではないかと主張してやまない▼あなたは被害者なのではない、加害者なのである。国民の税金を詐取したという自覚が全くないのはどうしたことだろう（後略）』云々と。

だから「ウソを言わない」というたった一つの徳目を実行する人が増えれば増えるほど、国や社会は浄化され、真実の世界（実相世界・実在界）らしくなって行くのだ。ウソをミスと言いのがれるのが、これまた一つのウソであるが、「言いのがれ」なんかをするのは〝卑怯〟と呼ばれる。ちょっと道ばたの石にけつまずいて、スッテンコロリンと倒れて、手や足に傷をつけるのは「ミスをした」のであって、ウソを言うのを「ミスをした」と言うと、国語の正しい使い方をわざと間違って使ったことになるだろう。

かつて私がまだ大学生だったころ、下宿していた家の娘さん（小学生）が、よく私の部屋に遊びに来ていた。小学生にしても大柄な子だった。ある日彼女の母親が私にこう言ってこぼしたことがある。

「うちの子は、学校の成績をかくして、親に見せないいんですよ。とても点数が悪いんですがね、家に持って来ないんです……」

こうして点数を親にかくしたりするのは、一種のウソを言うのと同じだが、これを「ミスをした」とは言わないだろう。ミスをしたのは、試験で間違った答を出したときなどに言うべきであり、かくしたりウソを言うのは、〝自分が意識して〟いることだから、ミスではなく、ウソの部類に属する。勿論犯罪をおかした人が、事実をのべずにウソをつくのも、「ミスをした」ではすまないのであって、それ相当の処罰を受けることになるものだ。

「ほかの人だって、同じ悪いことをしている。どうして私だけがおこられるのか」

といい、他の悪い子も道づれにしたいというのも、変な心だ。悪行を「かくす」のと、それが処罰されるのと、どちらがいいかというと、処罰される方がいいのだ。つまりそれは「因果の法則」によって、悪業はそれ相当の悪果をもたらすのであり、その悪果を〝いち速く刈り取る〟のが「処罰される」ことだからである。もしそれをかくしたり、ウソでごまかしたりしていると、その悪業にはさらにウソの悪業が加わり、悪業がふくらみ、それに利子がついて、とても大きな悪果を刈り取ることは、世間には一杯あることだ。その悪の利子も日本の今の利子のようなチッポケなものではないのである。

正直とバカ正直と

よく人は、せっかく信仰に入ったのに、「こんな悪いことが起った」とか、「試験に落第した」とか言って、この信仰はだめだ、カンニングをした方がよかった——などとグチを言うが、それは大変な考え違いである。正しい信仰に入ったのに、その後で悪事や悪果が訪れるのは、信仰に入る以前から積って来た悪業が悪果をもたらして崩れ去り、以前の〝心の借金〟を支払ったようなものだ。むしろ「よかった!」と言えるのである。それ故、ドロボーをつかまえてくれる警察官も、適当な刑罰を与えてくれる裁判官も、「いち速く悪業を刈り取ってくれる仕事」をしている職業だから、大いに感謝されてよいのであって、弁護士さんだけが感謝される人とも言い切れない。

何故なら弁護士さんにもいろいろあって、その人の心境によっては犯罪者の刑罰をなるべく軽くしようとして、自白にもウソをつくことや、かくしごとを教えたりする人もいる。こうして裁判を延々と引きのばすことをやると、そのため失われる国費は莫大なもので、これもまた国民の税金の浪費になるのである。

もし全ての人々がウソを言わず、正直な人々となったならば、どんな裁判でも、ごく短時間のうちに結着するだろう。犯罪を犯す人も激減するにちがいない。たとえば誰か有力な人にワイロを贈って、「息子の入学をたのむ」という人も、誰かに「何に使ったお金ですか」と聞かれて、正直に「それはワイロです」と答えたら、第一ワイロをおくろうとする心が起きるはずもない。だから昔から「正直者の頭《こうべ》に神やどる」と言われたのだ。その時はちょっと損をするようでも、永い眼で見ると、損なことは何一つない。「善のみを行うのが良い」とスグ分かるからだ。善行（業）のみが、善果をもたらすのである。

しかしどんなに善い事をする人でも、正直者でも、〝バカ正直〟と言って、バカ扱いされることもある。それはバカ扱いをする人の方が間違っているのである。一体誰が、どんな基準で「バカ正直」と名づけるのか。本当の「正直」と、「バカ正直」との区別は、どこで誰がつけるのか。それをきめる基準はどこにもないし、法律にもない。きれいな行いと、きたない行いといっても、それは物質的な判断ではきまらない。人間の生理的排泄物つまり糞尿でも、それを処理してくれる人には、立派な人々も沢山いる。第一詳しく言えば、排泄物そのものも、決してきたなくはないのである。

例えばごはん粒でも、それがきれいな畳の上にこぼれていると、「きたない」というだろう。どうしてきれいなごはん粒が、きれいな畳の上にこぼれると、その途端にきたなくなるのだろうか。それは、「ふさわしくない処に置かれた」からである。

人時処の三相応

つまり「人・時・処」の三相応が乱れたからだ。これはとても大切なことで、全て人と時と処とによって、善となったり、悪となったりする。例えば、自転車置き場に駐車してある自転車に乗って行くにしても、自分のものであればそれはよいが、他人のものであれば、いけないとか悪いことになるようなものだ。これは「人」によって〝三相応〟が崩れるからである。

「時」の場合は、グッスリ眠るのでも、夜自宅でならよいが、学校の授業中とか、運転している車の中などでは、いけないことになる。この時は「時」ばかりではなく「処」の不相応も加わってくる。排便でも、トイレの便器の中ならよいが、道の真中などではよろしくないのは、「処」の不相応のせいである。

ところがトイレを掃除するとなると、誰がやっても〝悪い〟と言うことはないだろう。たといそれを校長先生や社長さんがやっても、「悪業」とはならず、むしろ「善業」を積むことになる場合が多い。トイレばかりではなく、庭の掃除でも、道路掃除でもそうだ。掃除という大掛りな行為でなくても、落ちていた空カン一つを拾うのでも、それが積み重なると「善業」となる。「悪業」となることは、ちょっと考えられないから、私もやったことがある。

ところがそれをどこかに書いたところ、誰かから非難の手紙が来た。その理由は、「自分でしてもいないことを書いて、ウソをついている……」というような内容であった。私はウソは大嫌いだから、そんなバカバカしいウソはつかないし、書きもしないが、見ていない彼（投書者）がどうしてそれをウソと言うのか分からない。それは彼（？）の空想であって、自分流の常識に照らして「ウソだと思った」のであろう。

ところがこの手紙が来て以来、空カンが落ちているのを見つけると、それを見すごすわけには行かなくなった。何か「ここにいるよ」と空カンが呼んでいるような気がして、つい手が出るようになった。カンばかりではなく、空袋でも弁当クズでも同じことだ。勿論私がそれらを全て拾っているわけではない。そのごく一部分であって、雨の日などにはやはり手が出しにくいものである。

最近空港内の小さな店で、『地獄と極楽の違い』という題の上前淳一郎氏の〝文春文庫〟を買った。飛行機の中で読もうと思ったからだ。するとこんな話が書いてあった。ある所の病院長（越塚さん）の病院が不振になったので、東京のある社団法人の経営セミナーに相談に行った。するとその講師の人が〝三つの処方箋〟を教えてくれたというのである。

一つは、職員より三十分早く病院へ行きなさいということ。

二つは、病院の便所を自分の素手で掃除しなさいということ。

三つは、だれから名前を呼ばれても、はい、と大きな声で返事をしなさいということである。

これを聞いて院長さんは「だんだん腹が立ってきた」というが、第一項目だけはやってみようと思った。これならやれそうと思ったからだろう。ある日ほかの職員が来る前に病院についたのだが、すでに三人の職員が来ていて、ちゃんと仕事の準備をしていた。しかも彼らは、今まで院長さんが「まるで評価していなかった人たち」だったというのだ。そこで院長さんは彼らにわびる気持で、感謝した。

トイレ掃除の件はどうもやる気になれないので、次に三つ目の「はい」の返事をやり出した。すると職員も家の子供たちもみな明るくなり、和やかになった。そこで「ようし、トイレ掃除もやる！」と決意し、毎朝早く病院に来て、外来トイレの掃除を始めた。便器を素手で洗った。職員や患者が、唖然としている。三ヵ月も続けているうちに慣れた。きれいになった便器の水を飲んでもいいような気持になった。と同時に、不思議に周囲の人に腹が立たなくなり、「この野郎」と思っていた職員も、「かわいいところがあるじゃないか」と思えてきた。こうして自然に院長の嫌いな人々は去り、院長に好意を持つ人たちだけが残り、やがて患者さんもふえ、職員もふえてきて、

「年間三千万円から四千万円の税金を払うまでになりました」（一三頁―一八頁より要約）

という実話が書いてあった。心が変わると、地獄が忽《たちま》ち天国に変わるという実例だ。これもまた「人・時・処」の三相応を得たという話だと思うのである。

＊『光の泉』誌＝生長の家の中・高年男性向け月刊誌。

2 人間の本心について

光と影

この世の中には、光の部分と影の部分がある。言いかえると明るい所と暗い所であり、昼と夜の違いがあるということだ。しかしこの現実は人間の感覚器官を通して見るからそうなるのであって、「実在界」という「神の国」に光と影があるというわけではなく、善人と悪人とがいるという話でもない。即ち『甘露の法雨』の「実在」の項には、

『実在はこれ永遠、実在はこれ病まず、実在はこれ老いず、実在はこれ死せず、この真理を知ることを道を知ると云う。実在は宇宙に満ちて欠けざるが故に道と云う。道は神と倶《とも》

にあり、神こそ道なり、実在なり。実在を知り、実在に住《お》るものは、消滅を超越して常住円相なり』

と示されていて、神の国は光と影の交錯する世界ではないのである。善一元、光一元、不老不死の世界である。

この実在こそが実相であるから、人間も当然その実在に住る故に善であり、不滅である。そこで善を求め美を求め、真実を追求する。当然人間の良心は、善や美を探し求め、真理を求めてやまないのである。肉体人間もその実相の写しであるなら、吾々は老若男女を問わず良心的で、「善い所」を見るのが楽しく、それを誉め称えたいのである。

そこで以前日本国の首相であった小渕さんもその善い所を見ると、色々とあるらしく、内閣の支持率も五十％を越えるほどに上昇した。例えば平成十一年七月十三日の『毎日新聞』の〝近聞遠見〟欄で、岩見隆夫氏はこう書いておられた。

『戦前のことはよくわからないが、戦後25人の首相の中で、小渕恵三ほどフットワークのいい首相はいない。足らざるところを脚力で補おうとしているのか、と思えるほどである。ただし、小渕の足まめは首相に就任してからではない。それを実証するビデオテープを見る機会があった。タイトルが「小渕恵三郵政政務次官の一日配達体験記」。』

人はとかく高位高官になると、現場の体験をおろそかにして、部下を使うことだけに集中しやすいが、これではどんな仕事も進歩発展というわけには行かないのである。

無だ、空だ

小渕さんは三十二歳の時、北区王子本町の郵便配達を受け持つ王子郵便局で、一日だけ配達をやったそうだ。

『(承前) この年5月30日の朝8時前、小渕は自宅から500メートル離れた同局に出勤。外務員の制服、制帽に着替え、道順組み立てなどを教わってから、赤い自転車にまたがって出発した。約2時間、配達のポストマン体験をしている。

その一部始終を記録、編集したビデオが郵政省に保管されていた。サイレントだが、ふらつきながら自転車をこぎ、店先では帽子をとり、おじぎをして手紙を渡したり、「若い小渕」は汗をかきかき大まじめである。

「後にも先にも、こんなことをした政務次官はいない」

と郵政省幹部は言う。小渕に聞くと、

「あのあたりは（労働）組合が強いというので、じゃあやってみるかとなったんだ」

と、労務対策の意図もあったらしい。とにかく、この気軽に足を運ぶスタイルは、首相になった今も変えていない。変えないどころか、まめさは一段と堂に入ってきた。

「今までの総理なら決して出掛けないようなところに、小渕さんは平気で現れる。軽い、という批判があるが、それを承知のうえでやるところが、あの人の真骨頂じゃないか」

と自民党幹部の一人は苦笑するが、最近では「全国女将《おかみ》サミット'99」とか。身のこなしの軽さにみられる庶民性が、内閣支持率を押し上げるのに役立っているのは間違いない。』

さらに岩見氏は同コラムで、当時の野中官房長官との対立を打ち消した点を、こう紹介している。

『「おれは真空総理だから対立することはないんだ。考えがないんだから。無なんだ。空なんだ」（6月17日）

と述べた。なかばジョークとも聞こえるが、こんな表現法をとった首相は過去にいない。

先日は、自自公連立への協議を「両方にいい顔」と報じられたことについて、

「両方というか、36面にいい顔なんだ。すべてにいい顔だ」（7月8日）

と言ってのけた。

「ボキャ貧」に始まり、「考えがない」から「すべてにいい顔」まで、自らをわざと卑下してはばからない発言の連続だ。一種のコツのようなものがそこにうかがえる。

英明でないことの演出、風ぼうも割合マッチしている。だが、実際は手早く決断し、あっさり流れを切り替え、小渕ペースに誘導していく。

加えて、抜群のフットワークと「ブッチホン」（小渕が掛ける電話のこと）を駆使し、親しみやすい指導者像を次第に定着させるのに成功している。

「政局がうまく転がっているのは、小渕さんにスキャンダルがまったくないからだ」

とも、自民党の国対幹部はもらした。

とりあえず、及第点だ。（敬称略）』

不思議な人

長々と元首相の一面を紹介したが、これはあくまでも一面であり、〝三十六面〟を紹介するのは難しい。〝ブッチホン〟なるもののエリアがどのくらいのものかも承知していない。ただ宗教に関して無理解でないことだけは確かであろう。現在の小泉首相も、同じく理解があり、光明思想的だ。人はその仕事にも家庭生活にも、本人の人生観や世界観が現れてくる。「何を第一にするか」が最も大切な人間の観点である。名誉や地位や財産、あるいはイデオロギーを第一にしていると、たちまち神通自在を失い、経済学者といわれながら都の財政を破綻《はたん》に追い込むような仕事をしでかすのである。

現在生長の家の本部会館の東南の敷地には東郷神社の立派な境内があり、さらに最近は研修会館の五階建て（地下一階）が建設されたが、その東郷元帥《げんすい》のことも現代人にはあまりよく知られていないようだ。日露戦争でロシアのバルチック艦隊と戦い、大勝利を博した人だということはよく知られているが、かつて『産経新聞』には司馬遼太郎氏の『坂の上の雲』の「読みかえし連載」がのせられていた。

この中には日露戦争当時の陸海戦の様子が極めて詳細に記されていて、必ずしも日本軍が優勢ではなく、むしろ武力においても物資や財政面でも、危険極まりない切迫した状態であったことが描写されている。

そしてこの記事に登場する東郷さん（大正二年に元帥となる）は、決してサッソーとした連合艦隊司令長官ではなく、「小柄な爺さん」といった感じで佐世保駅に着任したということだ。（平成十一年七月二十六日号より）

『（前略）東郷は終生、自分の賢愚をさえそとにあらわしたことがないというふしぎな人物であった。東郷は賢将かということについては、かれの辞令が公表されたとき、連合艦隊の基地佐世保でも話題になった。ほとんどの士官が東郷を無能ではなくとも、凡将であるとおもっていた。

真之《さねゆき》の兵学校いらいの親友である森山慶三郎は、東郷の名前を佐世保できいたとき、

「東郷さんといえばその存在さえ現場の士官たちのあいだではおぼろげで、まして能力がわからない。われわれ士官仲間では、そろそろいくさがはじまるというのに、こんな薄ぼ

けた長官が来ちゃ海軍もだめだ、おそらく薩摩人だから選抜をうけたのだろう、何にしてもこまったものだ、と評判した」

と、後年、ある座談会で語っている。

東郷が汽車で佐世保へつくというので、森山慶三郎少佐は、少将梨羽時起、それに三笠の艦長伊地知《いじち》彦次郎大佐のたった三人で迎えに行った。

「本来なら艦隊の兵員が整列し、軍楽隊の吹奏入りで迎えるべきところかもしれないが、じつにさびしい出迎えであった。このときはじめて私は東郷さんを見たのだが」

と、森山はいう。

小柄な爺さんというだけの感じで、とても大艦隊の総大将という威容はない。

「停車場の前が埋立地になっていて、地面がでこぼこし、水溜りもある。東郷さんはその埋立地をヨボヨボ下をむいて歩くのだから、いよいよこの人はだめだとおもった」

しかし東郷が艦隊に着任してしばらくするとその人格的威力が水兵のはしばしにまで浸みとおって、なにやらふしぎな人だとおもうようになった、と森山は語っている。』

因果応報

人はみな容姿端麗《ようしたんれい》で弁説さわやかであるに越したことはない。しかしこれらの肉体的条件は、人間の中味ではなく、外装であり、包み紙なのである。人間の中味は魂であって、その包み紙のようなものが肉体だから、人間の中味をさして仏性といい神性というのである。「神の子」なる実相人間だ。それは外装によって判別されるものではない。質素な包み紙の中から、立派な宝石が出て来たりすることは、幾らでもある。だから肉体的な外装で、人間の中味のすばらしさを見落してはならないのである。

この人間の中味は、「人格」とも、時には「良心」とも言われるが、それがいつしか外部にも滲み出て、時と共に人々に感銘を与え、その徳性に惹かれるということになる。東郷長官の場合は日露開戦前には「人格」的な光が充分認められていなかったらしい。ところが開戦後日本海軍の一部が、旅順港内《りよじゆん》に入港しバルチック艦隊の来援するのを待っていたマカロフの艦隊を攻撃し、その坐乗《ざじよう》していた戦艦ペトロパウロウスクを港外におびき出したのだ。その海戦結果は日本海軍の駆逐艦や砲艦の小艦隊の方が逃げ、戦艦ペトロパウロウスクは意気揚々として旅順港に帰って来た。

その直前、この大きな戦艦は日本軍の仕掛けた機雷にふれて大爆発を起し、マカロフと共に海底に沈んだのである。勝利者が忽《たちま》ち敗者となった。だがその後、ロシア艦隊も深夜ひそかに砲艦を港外に出して五十個の機雷を布設し、それにふれて日本海軍は戦艦六隻のうち初瀬と八島の二戦艦を失ってしまった。その他水雷艇や砲艦や駆逐艦、通報艦も次々に触雷したり衝突したりして沈没したのであった。

結局東郷艦隊は六日間に八隻を失った。一方旅順の敵艦隊は戦艦六隻であるのに対し、東郷艦隊は四隻の戦艦にまで減った。戦艦三笠に乗っていた東郷司令長官は、この悲報を聞いても顔色一つ変えなかったと記されている（同年七月二十四日の『産経新聞』より）。こうして現象界では、因果応報が繰り返され、自分がやった通りがやり返され、善を行えば善が返り、奪えば奪われ、与えれば与え返されるものである。

このような現象は、戦中戦後を通じて各所に現れ、光と影とが交錯するのだ。日本が対米決戦をきめた時には、アメリカもまた対日戦を目論《もくろ》んでいた。アメリカが原子爆弾を製造する頃には、日本軍部も原子爆弾の研究を始めつつあったが、昭和天皇陛下は、これを禁止されたのであった。

夜明けが近い

しかしどのような危機が訪れても、それで直ちに失望落胆するには及ばない。闇の向こうには、光があるからだ。「丑三《うしみ》つ時《どき》が来たら、夜明けが近い」のである。死を宣告されたら、死の向こうに次なる生（次生）が待ちかまえている。即ち本来の「神性・仏性」は不死・不滅だから、いくらでも人生は繰り返される。だからといって、まだ肉体人間としての生存能力のある間に〝自殺〟などして、「能力ナシ」と自己限定をするのは間違いである。どのような危機的情況においても、自己限定や絶望はしないことが大切である。

日露の海戦でも、その後東郷艦隊は旅順港内で待機していたロシア艦隊を黄海《こうかい》上で全滅させ、さらにヨーロッパから来援したロジェストウェンスキー提督《ていとく》の率《ひき》いるバルチック艦隊を日本海海戦に於いて撃滅したことは有名な事実であり、アメリカによる日露両国の和平を促進させる重大要因となったのである。但し当時の陸海軍の将軍や提督たちは、常に適当な時に〝和解する〟ことを念頭においていた。その点大東亜戦争の時とは大いに違っていたようである。つまり自殺的戦争とも言える〝一億総玉砕〟などの考え方はなく、しかも力一杯戦いその与えられた任務を果したのだ。

人は全て与えられた任務を果すことによって魂を生長させ、内在の神性・仏性をより一層発光させるのである。しかもこの「神性」は神のいのちそのものであるから、生命を否定することでもなく、不道徳（不善）をなすことでもない。人をだましたり、会計をごまかしたりして任務を果したなどと思うのは、大間違いだ。そのような過ちをさけるためには、常に「神意」を第一にして、「結果」などを第一にすべきではない。会社を倒産させないためにというような「結果」第一主義では、必ず蹉跌《さてつ》が来る。

良心的であれ

話は再び小渕さんにもどるが、氏が首相として好評を得たのは、自分を「空」や「無」

にしようとしたからであって、末永く首相でありたいとか、自民党を大きくしようという「結果」を第一に考えたのではないだろうと思う。日本国民にとっては、自民党だろうが別の○○党だろうが、正しく真・善・美を追究して行ってくれたらよいのである。これ以上「金持ちになりたい」といった思いが人々の良心や真意ではないはずだ。真の「富」とは、神の国における安らぎであり、円やドルをため込むことではないからである。

それならば、目に見える「結果」の数字に引っかかってはならない。最後にもう一度『毎日新聞』の七月二十七日の「余録」欄を引用すると、こう書かれていた。

『（前略）それ（良心）に気づかせてくれたのが25日夜のNHK日曜スペシャル「21世紀への証言」だった。証言するのは世界的チェロ奏者、M・ロストロポービッチ氏。旧ソ連時代、反体制作家ソルジェニーツィン氏を助けて国籍を剥奪《はくだつ》された人だ▲「あなたは勇敢に生きてこられた。どこから勇気がわいてくるのですか」とキャスター・小林和男氏に問われ、ロストロポービッチ氏は答えている。「それは良心と、やましさのないことです。どんな人もいつか、良心という裁判官に向かいあう日が来ます。あとで良心に照らして反省する必要のない生き方をしなければなりません」▲ソ連時代、友人を当局に売って、給料を上げてもらった人もいた。「だが、そんな行為を問い直さねばならないときが必ず来ます。なぜあんなことをしたのかと自分を許せなくなる。良心が自分を責めるのです」。自分にとって良心は味方であり、生きる力を与えてくれるとロストロポービッチ氏は言う▲巨匠にとって良心はお行儀のよい道徳ではなく、生きていくための武器だった。その武器をかざして、ロストロポービッチ氏は国家権力に立ち向かった。フランスの哲学者アランは、良心とは自分自身に帰ってくる内面的運動で、いつも自分の考えていることを考えようとせず、内面判断を先に延ばす人を不道徳というと定義している▲昨年11月の大会で「野党に軸足を置く」と宣言した公明党が突然、方向を転換して、自民党と連立を組むことになったのは、果たして良心に照らした行動といえるかどうか。道徳にふさわしい行為といえるかどうか。良心的に判断してもらおう。』

3　神の国はどこにあるか

寝小便のこと

最近私が書いた本に『楽しく生きるために』*というのがあるが、その「はしがき」に遠藤周作氏の旧制中学時代の話を紹介した。しかし同氏の『狐狸庵閑話』（新潮文庫）には、その他いろいろの〝面白い話〟が書いてある。芥川賞を受賞された純文学的な作品とは一変して、とてもくだけた内容の本だが、次のような「寝小便の話」が書いてあった。（一九二頁以後）

『五年ほど前のことであるが、私、高熱を発してK病院に入院いたしました。入院しても発熱は一向にさがらない。二日たち、三日たち、四日たち、あれは五日目の夜でありました。やったです。真夜中に。何を？　と訊《たず》ねられるですか。勘の悪い人ですな、あんた。ネショウベンだよ。だれがだって。私だよ。恥ずかしい。』

こんな調子で、すこぶる読みやすい本だ。「古今百馬鹿」という題で、当時は『オール読物』に毎月連載されたものだ。とにかく「何とかしよう」と思うのであるが、朝六時になると看護婦さんが検温に来る。そのあとでベッド掃除がはじまる。すると当然ネショウベンが発覚する。自分の持ち物と取り替えることもできない。

考えているうちに、次第に夜明けが近づく。その時一つの考えが浮んだ。遠藤さんの病室から二つ隣に、昨夜退院したKさん（新聞記者）の部屋があった。そっとその扉をあけて見た。廊下にはまだ誰もおらん。

『私は濡れたシーツと敷布団とを両手にかかえて、ネズミのようにキョロキョロ左右を見まわすと、脱兎《だっと》のごとくKさんの部屋に走っていきました。

Kさん用の敷布団とシーツとをわが濡れそぼったものと取りかえること一分。彼の使ったものをかかえて部屋に戻ること十秒。一分十秒にしてすべては完了せり。……』（一九四

頁）

このようにして無事に自分の寝小便をKさんの仕わざに押しつけたというのである。『背に腹はかえられぬ。私はKさんに心のなかで合掌する思いでありました。今日でも文壇のパーティで彼の姿を遠くに見るたび、私はコソコソとかくれたい気持です。』というのであった。このように、人生では色いろの失敗や間違いも起るであろう。「行き詰った」と思うこともあるが、しかし必ず解決の道があり、その道も一つや二つではない。Kさんというのは当時の読売新聞の記者だったから、この『狐狸庵閑話』も読まれたかも知れない。Kさん以外にも沢山の読者が読むから、このように公表するくらいなら、もっと簡単に、すぐ看護婦さんに公表して、ちゃんと始末をつけておけばよかったな――と思う次第である。

恥ずかしい心

人は発熱したら失禁ぐらいしても当り前で、そのような看護をしてくれる人が看護婦さんだから、やはり「当り前」が一番よろしいと言える。もっとも遠藤さんは、この話を一つの材料にして原稿を書いたのだし、〝面白い話〟だから、それも人びとの「恥ずかしい気持」を代弁していて共感される方々もいるであろう。

この「恥ずかしい」という気持は、誰にでもある。それは例えば悪事を行ったとか、ウソをついたとか、してはならない事をして「法」を犯したといった場合、心の中に自然に湧き上がってくる思いである。しかしだからといって、その悪事やウソを、ただ「隠した」だけではダメなのだ。他人のせいに押しつけて、自分だけ「善人である」とか「正義の味方」のような顔をしていても、心の底の恥ずかしさは消えるものではない。

隠さないで、正直に告白したり、自己の責任を取るという行為がなくては、恥ずかしい思いは中なか消え去るものではない。告白したり、責任をとったりすると、丁度「十」の電気が「一」の電気と合体するように、「恥ずかしい思い」が0となるのだ。0の心とは、「当り前の心」であり、「本来心」である。この「本心」を呼び出す働きだと言えるだろう。言いかえると、恥ずかしくない行いをする人間、正義と真実の「神の子・人間」に立ち帰らせてくれる何ものかであり、それは「観世音菩薩」の御働きであるとも言える。

また時と場合によっては、自分の失敗（この場合は寝小便）をすぐ看護婦さんに告げることである。それが自分がこの〝責任者〟だと知らせることになり、Kさんの名誉を傷つけることもなくなるし、自分自身もスッキリすることは受け合いだ。有名な坂本竜馬も、十何歳かになるまで寝小便たれだったし、遠藤さんも相当の年までソレだったのかも知れない。

そこで遠藤周作（即ち狐狸庵）さんは、同書でこんな話も書いておられる。

『ある婦人が帰宅の途中、突然ヒッタクリに会った。彼女のハンドバッグをヒッタクった泥棒は既に脱兎のごとく逃げ出しておる。

その泥棒を一人の通行人が追いかけ、ラグビーの選手のように、ふんづかまえてくれた。そしてこの奇特な仁は泥棒氏と共に交番におもむいた。警官ももちろん感謝、感激。この立派なお方の姓名、住所を伺うと、何と彼もまた目下手配中の泥棒で、泥棒が泥棒をつかまえたというわけである。』（二一五頁）

これは泥棒（A）をひっつかまえた泥棒（B）は、トッサの間《ま》に「本心」が飛び出して来て、正義の味方になった。すると「恥ずかしい」と思う心は必要なくなって、思わずA

なる泥棒をつかまえて、Bもまた泥棒の前科を告白せざるを得ない立場に自分自身を追い込んだ。その結果は、多分刑が一部（？）軽減されることになったであろう。それが「因果律」と言われる法則である。

神が責苦《せめく》を与えるか

けれどもまた遠藤周作氏は、『沈黙』という谷崎賞受賞の作品（新潮社版）で、昔ローマ教会のイエズス会から日本に派遣されたロドリゴ司祭及びフェレイラ教父の物語を中心にして、すぐれた作品を書いておられる。フェレイラ教父は事実三十三年間日本にいて管区長となった人だ。前半はロドリゴ神父（司祭）の手紙の形式で書いてある。一五八七年以来、豊臣秀吉がキリスト教を禁制し、徳川家康も一六一四年以後多数の司祭や信徒たちを拷問や焚刑や海外追放にしたころの悲劇物語である。

この中では、イエスやマリアの姿を刻印した銅板をはめ込んだ木板を信者に踏ませたり、唾を吐きかけさせたりする「踏絵」も行われ、〝水磔《すいたく》〟といって海中で磔《はりつけ》にして、四、五日かかって衰弱死させるという刑罰なども行われた。そのような過程でキチジローという棄教者（転んだ人）が出てくるのだ。さらには雲仙温泉の熱湯をあびせるような拷問も行われた。しかし司祭などの聖職者には、信徒数人を海に投げ入れる刑を、「パードレ、お前が転んだら、全て助けてやる」というような精神的拷問を加えたのである。ロドリゴ神父はその手紙の中で、こう書いている――

『（前略）かつて雲仙の迫害でガブリエル師は日本人から踏絵をつきつけられた時、「それを踏むよりはこの足を切った方がましだ」と言われた話が頭をかすめました。あまたの日本人の信者とパードレが同じ気持で自分の足の前に差しだされた聖像画にむきあったことを知っていました。しかしそれをどうしてこの可哀想な三人に要求することができたでしょうか。

「踏んでもいい、踏んでもいい」

そう叫んだあと、私は自分が司祭として口に出してはならぬことを言ったことに気がつきました……　キチジローはまだ泪ぐんでいました。

「なんのため、こげん責苦ばデウスさまは与えられるとか。パードレ、わしらはなんにも

悪いことばしとらんとに」（後略）』（六八―六九頁）

しかしここで敢えて言うならば、それはデウスさま（神様）が与えられた苦しみではない。地上の人間が人間に与えた刑罰なのだということを知るべきだ。それ故日本人の通辞（通訳）はパードレに言うのである――

『「もらいたくもなき品物を押しつけられるを有難迷惑と申します。切支丹の教えはこの押しつけられた有難迷惑の品によう似ておる。我等には我等の宗教がござる。今更、異国の教えを入れようには思い申さぬ。わしも神学校《セミナリオ》にて、パードレたちのエンテンジメンを学んだが、はてさて、今更、われらに入用なるものとは一向に思いませなんだ」（後略）』（一一六―一一七頁）

それはそうかも知れないが、しかし切支丹の教えがいいと思う者は、それを信じ、仏教や神道がよいと思う者がそれらを信じうるようにしたら問題はないのだ。だが何故国全体で切支丹を禁制にし、信徒を〝改宗〟させようと強制するのであるか。それは当時の日本政府が「信仰の自由」がない政策を強行したからである。と同時に現代でもまだ、国によっては特定の宗教か思想でなければならぬようにしむけられている国もあることは心残りの所である。

日本は沼地か

『沈黙』の中のこの通辞は、中なかの学者らしく、次いでパードレとこんな神学論争をやる。

『「切支丹たちは〝デウス〟こそ大慈大悲の源、すべての善と徳との源と申し、仏神はみな人間であるからこれらの徳義は備わっておらぬと言うておるが、パードレ殿も同じお考えかな」

「ホトケも我々と同じように死を免れますまい。創造主とは違うのです」

「仏の教えをよう知らぬパードレ殿ならば、さよう思われようが、しかし諸仏、必ずしも人間ばかりとは限っておらぬ。諸仏にはな、法身《ほっしん》、報身、応化《おうげ》の三身があって応化の如来と申すのは衆生を救われ、利益を与える方便のために八相を示されるが、法身の如来は始めもなく終りもなく、永久不変の仏であられるから経にも如来常住、無有変易《へんえき》と説かれて

いる。諸仏を人間とばかり思うのはパードレ殿、切支丹だけで、我々はさように考えてはおらぬよ」』（一一七頁）

しかしながら司祭は逆襲するのだ。

『（前略）ホトケたちはどうして生れたのか。またそのホトケたちは慈悲の心があるのは、わかりますが、しかしその前にこの世界はどうして創られたのか。我々のデウスは自らを創り、人間を創られ、万物にその存在を与えたものだが」

「ならば、切支丹のデウスは、悪人どもをも創られた、そう申されるわけか。しからば悪もデウスのなせる業じゃ」（中略）

「デウスは万物を善きことのために創られた。この善のために人間にも智慧というものを授けられた。ところが、我々はこの智慧分別とは反対のことを行う場合がある。それを悪というだけだ」』（一一八頁）

この論争も、もう一つ掘り下げて、神の創造された世界は善一元であるが、それはこの三次元世界でもなく、四次元の時空間でもない。無限次元の超絶世界、実在（実相）世界であるという所まで説かないと徹底しないのである。

さらにまたこの小説では、ロドリゴ神父が教えを受けたフェレイラ教父が転んだのち、沢野忠庵という日本名を与えられ、ロドリゴ神父と対面する。勿論、神父を説得し、転ばすためにであるが、年老いたフェレイラにはどうも生気がない。そして自分は今日本に天文学や医術の書を翻訳し、病人を助け、人のためになる働きをしていると語るのである。そして「二十年間、私は布教してきたが、知ったことはこの国にはお前や私たちの宗教は所詮、根をおろさぬということだけだ」と話す。

『「根をおろさぬのではありませぬ」司祭は首をふって大声で叫んだ。「根が切りとられたのです」……

「この国は沼地だ。やがてお前にもわかるだろうな。この国は考えていたより、もっと怖ろしい沼地だった。どんな苗もその沼地に植えられれば、根が腐りはじめる。葉が黄ばみ枯れていく。我々はこの沼地に基督教という苗を植えてしまった」

「その苗がのび、葉をひろげた時期もありました」

「何時？」』（一九四頁）と問答が続く。

神の救いとは

『「あなたがこの国に来られた頃、教会がこの国のいたる所に建てられ、信仰が朝の新鮮な花のように匂い、数多い日本人がヨルダン河に集るユダヤ人のように争って洗礼をうけた頃です」
「だが日本人がその時信仰したものは基督教の教える神でなかったとすれば……」』（一九四頁）

これはとても大切な問題提起である。一口に「神」と言っても、人や教会などによって違う「神」を考えていることが多い。「仏」と「神」とは別だと考える人々も沢山いるが、吾われはそうは思わない。絶対神なる創造主以外に迷いや罪があるはずがないから、救いの本源を「仏」と言うも「神」というも同じ「大慈悲」だからである。

さらに『沈黙』では、ロドリゴ神父が最後の裁きの時、別の小舎に移されて、フェレイラと対面するのである。そこは昔フェレイラも入れられた同じ場所だった。そしてどこからともなく信徒達の呻《うめ》き声が聞えてくる。その時フェレイラは言うのだ。

『(前略)「では、お前は祈るがいい。あの信徒たちは今、お前などが知らぬ耐えがたい苦痛を味わっているのだ。昨日から。さっきも。今、この時も。(中略)「この中庭では今」フェレイラは悲しそうに呟いた。「可哀想な百姓が三人ぶらさげられている。いずれもお前がここに来てから吊られたのだが」(中略)「わしがここで送った夜は五人が穴吊りにされておった。五つの声が風の中で縺《もつ》れあって耳に届いてくる。役人はこう言った。お前が転べばあの者たちはすぐ穴から引き揚げ、縄もとき、薬もつけようとな。わしは答えた。あの人たちはなぜ転ばぬのかと。役人は笑って教えてくれた。彼等はもう幾度も転ぶと申した。だがお前が転ばぬ限り、あの百姓たちを助けるわけにはいかぬと」

「あなたは」司祭は泣くような声で言った。「祈るべきだったのに」

「祈ったとも。わしは祈りつづけた。だが、祈りもあの男たちの苦痛を和げはしまい。あの男たちの耳のうしろには小さな穴があけられている。その穴と鼻と口から血が少しずつ流れだしてくる。その苦しみをわしは自分の体で味わったから知っておる。祈りはその苦しみを和げはしない」

司祭は憶えていた。西勝寺で始めて会ったフェレイラの顳顬《こめかみ》にひきつった火傷の痕のような傷口があったことをはっきり憶えていた……『「お前は彼等より自分が大事なのだろう。少くとも自分の救いが大切なのだろう。お前が転ぶと言えばあの人たちは穴から引き揚げられる。苦しみから救われる。それなのにお前は転ぼうとはせぬ。お前は彼等のために教会を裏切ることが怖ろしいからだ。このわしのように教会の汚点となるのが怖ろしいからだ」……「わしだってそうだった。あの真暗な冷たい夜、わしだって今のお前と同じだった。だが、それが愛の行為か。司祭は基督にならって生きよと言う。もし基督がここにいられたら」

フェレイラは一瞬、沈黙を守ったが、すぐはっきりと力強く言った。

「たしかに基督は、彼等のために、転んだだろう」……「基督は転んだだろう。愛のために。自分のすべてを犠牲にしても」（後略）』（二二〇―二二一頁）

このようにしてロドリゴ司祭はついに足をあげ、踏絵を踏んだのである。しかしキリストもマリアも、主なる神も〝沈黙〟を続けておられた。それはこの世が影の世界であり、神の作品たる「実在界」ではないからに外ならないのである。

＊『楽しく生きるために』＝谷口清超著。（日本教文社刊）

神の国はどこにあるか〈完〉

神《かみ》の国《くに》はどこにあるか

平成十五年二月十日　初版発行
平成二十六年六月一日　三版発行

著　者　谷口清超（たにぐち　せいちょう）〈検印省略〉

発行者　岸　重人
発行所　株式会社　日本教文社
東京都港区赤坂九―六―四四　〒一〇七―八六七四
電　話〇三（三四〇一）九一一一（代表）
〇三（三四〇一）九一一四（編集）
FAX〇三（三四〇一）九一一八（編集）
〇三（三四〇一）九一三九（営業）

頒布所　一般財団法人　世界聖典普及協会
東京都港区赤坂九―六―三三　〒一〇七―八六九一
電　話〇三（三四〇三）一五〇一（代表）
振　替〇〇一一〇―七―一二〇五四九

印　刷　東港出版印刷株式会社
製　本　牧製本印刷株式会社
組　版　レディバード

© Seicho-No-Ie, 2003　Printed in Japan
定価はカバーに表示してあります。落丁・乱丁本はお取り替えいたします。

ISBN978-4-531-05227-1

本書の本文用紙は、地球環境に優しい「無塩素漂白パルプ」を使用しています。